# ROCHESTER,

DRAME EN TROIS ACTES,

ET EN SIX PARTIES,

**PAR MM. BENJAMIN ET THÉODORE N***,**

Musique de M. PICCINI, Ballet de M. CORALY.

Représenté pour la première fois, à Paris, sur le Théâtre de la Porte Saint-Martin, le 17 janvier 1829.

**PARIS,**

BEZOU, LIBRAIRE,

ÉDITEUR DU THÉATRE DE M. SCRIBE,

BOULEVARD SAINT-MARTIN, N° 29,

Vis-à-vis le nouveau Théâtre de l'Ambigu-Comique.

**1829.**

| PERSONNAGES. | ACTEURS. |
|---|---|
| ROCHESTER | M. FRÉDÉRIC-LEMAITRE. |
| BUTLER, sous-secrétaire | M. THÉRIGNY. |
| WILKINS, marchand de draps de la Cité. | M. GOBERT. |
| Mistriss WILKINS, sa femme | Mad. ALLAN DORVAL. |
| CLARISSE, actrice, sœur de Mistriss WILKINS | Mad. ZÉLIE PAUL. |
| FRÉDÉRIC, fils de M. et Mistriss WILKINS | Mlle. DOUTREVILLE. |
| JACK, valet-de-chambre de ROCHESTER. | M. VISSOT. |
| MOLLY, vieille gouvernante | Mad. ST.-AMAND. |
| COWLAY, recruteur, chargé de la presse des matelots | M. HÉRET. |
| CRYFORD, créancier | M. DUGY. |
| TOM, maître de taverne | M. GRANGER. |
| KILLEGREW, jeunes seigneurs, amis de ROCHESTER. | M. EDOHARD. |
| SYDNEY, jeunes seigneurs, amis de ROCHESTER. | M. HYPOLITE. |
| JERMYN, jeunes seigneurs, amis de ROCHESTER. | M. JOSSET. |
| SARA, femme de TOM | Mlle. PAULINE. |
| UN WATCHMAN | M. DAUTAN. |

Domestiques, Créanciers, Soldats, Matelots.

*La Scène est à Londres, en 1664.*

IMPRIMERIE DE CHASSAIGNON,
rue Gît-le-Cœur, n°. 7.

# ROCHESTER,

DRAME EN TROIS ACTES.

## ACTE PREMIER.

*Le Théâtre représente la taverne du Sanglier Noir. La porte d'entrée au fond, donne sur le port.*

### SCÈNE PREMIÈRE.

TOM, KILLEGREW, SYDNEY, JERMYN, *déguisés en matelots*, MATELOTS, *à table.*

( Sydney, Jermyn et Killegrew entrent en riant à gorge déployée )

SYDNEY.

Tom, du Bordeaux !

KILLEGREW.

Du Madère !

JERMYN.

Du punch, plutôt.

SYDNEY, *en désordre, et son habit taché de boue.*

Ah ! ah ! ah ! oui... je l'ai bien mérité... pour un coup d'essai. Oh ! oh ! oh !

KILLEGREW.

Te voilà digne, mon cher, de lutter avec nos plus vigoureux boxeurs. Ton dernier coup de poing devra faire époque sur l'oreille de ton antagoniste. Ah ! ah ! ah ! le pauvre Watchman a roulé du trottoir dans la boue, comme un paquet. Une poigne plebéienne n'eût pas fait mieux.

SYDNEY.

C'est qu'on ne comprend pas l'audace de ces gardes de nuit,

sur mon honneur! Trouver mauvais que des gens de notre condition cassent des vitres, et s'amusent un peu des passans... Comme si la loi était pour les grands seigneurs.

KILLEGREW.

Et c'est qu'ils se défendent, encore!

SYDNEY.

Je le crois bien; voyez comme je suis fait.

KILLEGREW.

Nous te débarbouillerons avec du punch. ( *il frappe sur une table.* ) Eh! Tom!

SYDNEY, *l'imitant.*

L'hôte! Eh! tavernier!

( Tous les trois font tapage avec des pots à bière vuides. )

TOM, *accourant.*

Voilà! voilà! un moment donc, pas tant de vacarme. On dirait l'équipage d'un corsaire en révolte! ( *il s'approche et les reconnaît.* ) Ah! Milords...

( Il ôte son bonnet. )

KILLEGREW, *le lui remettant, et le lui enfonçant sur la tête.*

Veux-tu te taire, imbécile, avec tes Milords! ( *aux autres.* ) Pas vrai qu'il a une bonne tête, le maître de la taverne du Sanglier Noir? ( *à l'hôte.* ) Du punch, du rhum, et du vin de France. ( *lui frappant sur l'épaule.* ) Et du bon, vilain Irlandais!...

## SCÈNE II.

KILLEGREW, SYDNEY, JERMYN, MATELOTS, *buvant à différentes tables.*

KILLEGREW, *regardant autour de lui.*

Vous me disiez que Rochester était de retour.

SYDNEY.

Il devrait être ici; je l'ai rencontré, il arrivait, il a promis de venir se remettre au courant. Après six mois d'absence, il a sans doute tant d'affaires en arrière!...

KILLEGREW.

Lui, des affaires?... Amuser le Roi aux dépens de qui lui tombe sous la langue, abattre le gibier avec une dextérité toute particulière, chansonner les ridicules des autres, pour qu'on ne s'occupe pas des siens, faire enrager les maris, se moquer des femmes qui l'écoutent, compromettre celles qui ne l'écoutent pas, casser les vitres des bourgeois de Londres, et leur donner des croquignoles quand ils se fâchent, faire la débauche par habitude, faire même du bien quand il n'a pas l'occasion de faire du mal, et boire fort par là-dessus, quand il trouve du vin de France, voilà à-peu-près toutes ses occupations.

SYDNEY.

Tu pourrais dire les nôtres.

KILLEGREW, *se frappant le front.*

Ah! j'y suis; il sera allé à Drury-Lane. Clarisse joue ce soir, et Rochester est fou de Clarisse.

SYDNEY.

Il est fou de toutes les femmes, mais il ne peut rien obtenir de celle-ci. L'avez-vous vue dans *Janes Shore*?... Elle est admirable! Elle est sage aussi, car tout le monde le dit; et sur ce chapitre-là, le monde n'est guère indulgent. ( *Tom arrive avec du punch.* ) Voilà le punch... Allons, Messieurs, commençons, cela fera venir Rochester.

KILLEGREW.

Dis donc, Love : c'est ici le cas de nous servir de nos noms de guerre.

SYDNEY.

C'est juste.

KILLEGREW.

Connaissez-vous la dernière chanson du poète Rochester?

SYDNEY.

Je vais vous la chanter en l'attendant.

KILLEGREW.

Nous prendrons le refrain. ( *Il commence.* )

AIR :

Ce grand seigneur, d'une élégance
Qu'on admirerait même en France,
Poëte, aux belles toujours cher,
Cavalier si noble en son air,
Qu'en dépit de soi chacun aime;
C'est Rochester,
C'est Rochester lui-même!

Voyez-le, quand sa Grâce enflamme
Bourgeoise, actrice ou grande dame,

Quand sa main dirige de pair,
Le pinceau, la lyre et le fer...
En dépit de soi chacun aime :

( *A ce moment Rochester entre ; il prend un verre plein de punch, l'élève au-dessus de la tête des convives, et achève le refrain.* )

C'est Rochester,
C'est Rochester lui-même !

## SCÈNE III.

LES MÊMES, ROCHESTER, SARA.

ROCHESTER.

Eh ! bonsoir, mes amis. ( *il voit Sara entrer.* ) Permettez donc... ( *il prend Sara par la main, et l'amène en scène.* ) Eh bien ! Messieurs, on viendra nous dire que c'est se compromettre que de courir les tavernes, quand on y rencontre de pareils trésors... Oh ! çà, mais... ( *s'adressant à Tom.* ) Coquin, tu la cachais donc ? ( *il l'embrasse.* ) On n'est pas plus jolie... ( *il revient aux autres.* ) Ensevelir un petit bijou comme celui-là dans un cabaret... Vous n'y resterez pas, mon enfant...

TOM.

Je vous demande pardon, Milord...

ROCHESTER.

Tiens, ce nigaud qui nous écoute, comme si cela le regardait ! ( *il revient aux autres.* ) Eh bien ! camarades, me voici de retour, et vous voyez que je suis fidèle... à l'amitié, ( *il leur tend la main.* ) Mes premiers momens sont pour vous. Ah ! Jermyn est des nôtres ! c'est bien cela ; j'ai besoin de me remettre au courant, et je compte sur toi, Sidney. Dis-moi, Grammont corrige-t-il toujours la fortune ? son petit faquin de philosophe, St.-Évremont, ne manque pas aux petits soupers. Et les filles d'honneur, Messieurs, qu'en faisons-nous ?

SYDNEY.

A table, nous traiterons ce chapitre.

KILLEGREW.

Maintenant, tu peux fermer la porte, l'heure avancée...

( Tom va pour fermer la porte. )

## SCÈNE IV.

LSS MÊMES, LE WATCHMAN, PATROUILLE.

LE WATCHMAN, *en désordre.*

Je les ai suivis en boîtant, jusqu'à la porte, et j'y suis depuis une heure à attendre le renfort. Ils sont ici.

ROCHESTER.

De la garde! (*au Watchman qui vient de leur côté.*) Qui es-tu?

LE WATCHMAN.

Je suis le Watchman du quartier.

SYDNEY, *à Killegrew.*

C'est mon homme.

ROCHESTER.

Ah! tu es le Watchman du quartier... Eh bien! va te promener, mon garçon, va faire ta besogne.

LE WATCHMAN.

Ma besogne, c'est de faire raison des perturbateurs du repos public, et voilà mon homme...

(Montrant Jermyn.)

ROCHESTER.

Qu'est-ce qu'il veut dire?

JERMYN.

Que j'ai fait prendre un bain à ce gaillard-là, dans *London-Street*, et que, probablement, il m'en garde rancune.

LE WATCHMAN.

Allons, vous autres...

ROCHESTER, *prend le Watchman au cou.*

Ah! çà, mais, il est donc plaisant de son naturel?

(Les Watchmen s'avancent.)

LE WATCHMAN.

Je vous somme de me suivre.

KILLEGREW.

Par St.-Georges, Messieurs, la force armée!...

ROCHESTER.

Qu'est-ce que nous en ferons, de la force armée? faut-il la battre?

SYDNEY.

Ou la mettre aux arrêts.

TOM.

Messieurs, je vous en prie, point d'esclandre chez moi.

SARA.

Ah! Messieurs, nous vous en supplions!...

ROCHESTER.

Comment, c'est à ces drôles que tu dois dire cela? (*les Watchmen se sont rangés d'un côté.*) Attends: je veux leur parler, moi. (*Il s'approche un verre à la main.*) Vous êtes de bons diables, n'est-ce pas? Nous serions désolés de casser les bancs de la taverne sur vos têtes, soyez donc assez raisonnables pour laisser ce mutin-là débattre tout seul ses petits griefs.

LE WATCHMAN.

Obéissez!

ROCHESTER, *lui enfonçant d'une tape son bonnet sur les yeux.*

Allons, braillard, laisse-nous tranquilles, et eux aussi... D'honnêtes pères de famille, les exposer à se voir couper les oreilles!

SYDNEY.

C'est une horreur!

KILLEGREW.

Oh! le vilain!

(Tout en parlant, ils poussent les soldats qui font mine de résister, et qui, voyant ces Messieurs s'armer de pots et de tabourets, battent en retraite, à reculons, jusqu'à la porte.)

LE WATCHMAN, *furieux.*

Nous ne nous quittons pas pour long-temps.

ROCHESTER.

Eh bien! au revoir!

(Il lui jette la porte sur le nez.)

## SCÈNE V.

LES MÊMES, *hors* LE WATCHMAN ET SES GENS.

TOUS, *riant.*

Ah! ah! ah! la bonne charge!

ROCHESTER.

C'est dommage de n'avoir pas donné quelques croquignoles sur le nez du Watchman, mais il était si barbouillé que j'aurais craint de me salir les doigts.

TOM.

Mais, par saint Georges, Sir Love, songez-vous que, s'il va chez l'Aldermann, on fera fermer ma taverne?

KILLEGREW.

N'aies pas peur, je me charge de tout. A souper, en attendant.

ROCHESTER.

A souper; c'est bien dit.

UNE VOIX, *au dehors.*

Love, Love, ouvrez, c'est Jack.

ROCHESTER.

Ah! ah! c'est mon drôle. Passez toujours dans la salle du repas; j'ai deux mots à lui dire, et puis je suis à vous le reste de la nuit.

( Tous sortent. )

## SCÈNE VI.

ROCHESTER, JACK, MATELOTS, *endormis.*

ROCHESTER.

Eh bien! quelle nouvelle?

JACK.

Rien de neuf relativement à la belle actrice. ( *après avoir regardé autour de lui.* ) Milord!

ROCHESTER.

Laisse là mes titres, et dis-moi qui t'a entravé dans tes démarches?

JACK.

Je dois vous apprendre avant tout que sir Cryford et vos autres créanciers m'ont aperçu.

ROCHESTER.

Déjà?

JACK.

Et qu'ils ont l'intention de vous visiter en masse, demain à l'heure de votre déjeûner.

ROCHESTER.

Ma foi, qu'ils viennent, je verrai quoi leur dire; mais reviens aux démarches que je t'ai recommandées pour Clarisse.

JACK.

Je me suis rendu, comme vous me l'aviez ordonné, sous le péristyle, pour voir si elle serait accompagnée; toujours avec l'éternelle duègne. Au milieu des bravos prolongés, elle a été enlevée jusqu'à sa voiture par cinq ou six individus, qu'à leur corpulence roturière et à leurs habits carrés, j'ai jugé devoir être des marchands de la Cité.

ROCHESTER, *se frappant le front.*

Ah! mon dieu! des marchands de la Cité me rapellent.... Pauvre ange!... six mois que je n'y ai pensé!

JACK.

A Miss Clarisse?

ROCHESTER.

Imbécile! ( *cherchant à se placer sur un coin de table pour écrire.* ) Toutes les tables sont noyées de punch et de porter. Va chercher un mauvais pupitre dans lequel le tavernier met ses plumes et son écritoire. (*Rochester, le bras appuyé sur Jack, écrit.* ) « Six mois sans vous voir! je n'ai pas vécu pendant cette » longue absence.... »

JACK.

Ah! le menteur!

ROCHESTER, *s'arrêtant tout-à-coup, dit au valet.*

Ah! ça, maître fripon, je ne dois donc plus avoir de confiance en vous?

JACK.

Pourquoi, Milord?

ROCHESTER.

Milord! Je t'ai déjà dit de te taire!... Mais il parait que si je n'allais pas moi-même à la découverte, je n'aurais jamais vu cette jolie petite mine....

JACK.

A laquelle vous n'avez pas pensé depuis six mois.

ROCHESTER.

Eh! non, Sara, la femme de Tom; elle est adorable, coquin! et vous ne m'avez pas dit...

JACK, *à part.*

Eh! quoi, Sara, ma cousine?

ROCHESTER, *écrivant.*

» Et toujours plus épris... » Continue ce que tu disais de Clarisse.

JACK.

Enfin, il m'a été impossible de rien tenter ce soir; mais j'ai des relations intimes avec tous les cochers de la capitale; je suivrai la belle de près, et à la première occasion, je promets de vous la conduire.

ROCHESTER, *après avoir plié le billet, le cachète avec un petit bâton de cire dorée qu'il tire de sa poche.*

Demain, à neuf heures précises du matin, il faut remettre ce billet à mistriss Wilkins.

JACK.

La belle marchande de la Cité, cette haute réputation de ver tu?

ROCHESTER.

Paix! faquin. N'oublie pas, s'il y a du monde, que c'est Campbell, mon secrétaire, qui envoie cette lettre, et ne parle de moi qu'à la personne intéressée.

JACK.

Qu'en *a parte*, c'est entendu... L'air de la capitale m'a remis tout de suite en haleine. Le génie repose, mais il ne se rouille pas.

ROCHESTER.

Comment donc, de l'esprit!

JACK.

Auprès de vous, ( *bien bas.* ) Milord, c'est un mal qui se gagne par le frottement.

ROCHESTER.

Pas mal! ( *il lui donne de l'argent.* ) Tiens.

## SCENE VII.

LES MÊMES, TOM, *puis* SARA.

TOM.

M. Love, ces Messieurs vous demandent et m'envoient chercher du vieux Porto, du jour de la course de Newmarket, il y a six mois. Je n'en ai plus que vingt-deux bouteilles.

ROCHESTER.

Ah! diable, oui.... ces fameuses fioles du petit caveau.... monte-les toutes.

( Tom ouvre une trape sur le théâtre et descend. )

SARA, *arrivant.*

M. Love, vos amis s'impatientent de votre longue absence.

JACK.

Là, voyez, elle vient exprès.

ROCHESTER.

Eh bien! ils attendront encore long-temps, si vous voulez causer avec moi.

JACK, *bas.*

Milord, Tom est jaloux en diable.

ROCHESTER.

Vrai ?

JACK, *bas à Sara.*

Voulez-vous bien vous en aller, coquette !

ROCHESTER.

Heim! Tom est jaloux, toi aussi, je crois ? Il serait parbleu drôle...

JACK, *bas.*

Moi, Milord, ce n'est pas cela, mais, voyez-vous, Sara est ma parente.

ROCHESTER.

Eh bien ! tant mieux ! je serai bien aise de faire quelque chose pour ta famille. Quant à toi, bonne nuit, tu n'as plus rien à faire en ce lieu, va te coucher.

JACK.

Mais, si vous permettiez....

ROCHESTER.

Je vous permets de vous taire, M. Jack, et d'aller vous coucher, je vous le répète.

JACK.

J'y vais.

## SCÈNE VIII.

ROCHESTER, SARA, *puis après* TOM.

ROCHESTER, *prenant la main de Sara.*

Comment, ce vilain Tom est jaloux ?

SARA.

Oui, M. Love.

ROCHESTER.

Eh bien, ma belle Sara, il ne faut pas rester avec un pareil homme ; j'ai une tante aux environs de Londres, infirme et presque aveugle, sourde à faire plaisir ; elle serait enchantée d'avoir une dame de compagnie comme toi.

SARA.

Monsieur, si mon mari permet...

ROCHESTER.

Ton mari, il le faudra bien, ou nous nous passerons de sa permission.

(Ici Tom soulève doucement la trappe et prête l'oreille.)

TOM.

Oh ! pour le coup !...

ROCHESTER.

Là, au lieu d'ivrognes grossiers, tu ne seras entourée que de jeunes seigneurs aimables; j'irai souvent.

TOM, *de la trappe.*

Oui! j'y mettrai ordre.

ROCHESTER.

Comment c'est toi? (*il s'élance sur la trappe sans quitter Sara, pose le pied sur les planches de manière à ce que l'ouverture se referme sur la tête de Tom.*) A-t-on jamais vu, cet impertinent curieux!

VOIX *en dehors*

Oh là! ouvrez!

ROCHESTER.

Et si l'on ne veut pas ouvrir.

LA VOIX.

De par le Roi!

SARA.

Oh! mon dieu!

LA VOIX.

Ah! dépêchons-nous, ou je fais deux battans de la porte à coups de crosse.

SARA.

Ne plaisantez pas.

(Elle court ouvrir,)

## SCÈNE IX.

ROCHESTER, SARA, TOM, COWLAY, MATELOTS.

COWLAY, *à ses gens.*

Huit hommes en avant. (*ils entrent.*) Bien. Le reste en dehors, et que personne ne sorte. (*aux hommes de l'intérieur.*) Parcourez toutes les pièces, et amenez-moi ce que vous y trouverez. (*à Sara.*) Eh bien! où est donc l'ami Tom?

TOM, *soulevant la trape.*

Me voilà, me voilà!

(Il monte avec les bouteilles, tandis que les soldats reviennent avec Killegrew, Sydney, Jermyn, et des matelots qu'ils ont ramassés.)

## SCÈNE X.

LES MÊMES, LES SEIGNEURS *ci-dessus*, et DES MATELOTS.

KILLEGREW.

Que diable veulent-ils ?

COWLAY.

Vous allez le savoir à bord du *Léopard*, mes tapageurs. Ah! vous rossez le Watchman et vous mettez la garde à la porte! Eh bien, nous allons voir si le biscuit et l'exercice de la rame vous calmeront la tête. (*aux soldats.*) Allons, emmenez-les tous, et les menottes aux récalcitrans. (*Killegrew et les autres se sont retirés auprès de Rochester.*) Et ceux-là ?

ROCHESTER, *à ses amis.*

Il n'y a plus à rire, Messieurs, nous ne serions pas les plus forts. (*Il amène Cowlay par la main à l'avant-scène.*) Le capitaine Cowlay regardera à deux fois...

COWLAY, *l'examinant.*

Que vois-je ? M. le Duc à Londres, et ici sous le.....

ROCHESTER.

Chut ! (*à ses amis.*) Tous ceux-ci sont de ma société.

COWLAY.

Ah! pardon! (*aux soldats.*) Est-ce fait?

UN MATELOT.

Mais, Capitaine, nous buvions tranquillement, demandez à tous.

COWLAY.

Eh bien! qui vous dit le contraire ? Vous boirez désormais à bord du *Léopard*, au lieu de boire dans la taverne du Sanglier Noir, et voilà tout. Pas de raisons, en avant!

TOM.

C'est ça : ceux qui n'ont rien dit paient pour les autres.

ROCHESTER.

Capitaine Cowlay, venez demain chez moi à l'heure du déjeûner, je vous dédommagerai de la perte que vous faites ce soir dans nos personnes.

COWLAY.

C'est trop d'honneur, M. le Duc.

TOM, *à lui-même.*

Et voilà la justice !

ROCHESTER, *à Sara, pendant qu'on attache les matelots.*

Adieu, la belle enfant. (*il l'embrasse et dit à Tom :*) Elle est trop jolie pour toi, tu as beau dire.

TOM.

C'est possible, mais je me résigne à la garder telle qu'elle est.

ROCHESTER.

Le destin des maris est écrit, va, si cela doit être... Bonsoir, mon vieux Néel, bonsoir et bonne nuit. Allons, Messieurs, à table!

TOM.

(*à Sara, en montrant Rochester.*) Si jamais vous vous trouvez sur son passage..

(Il saisit un bâton, et lui montre sa chambre. Cowlay fait un geste, on laisse passer les Seigneurs, qui s'éloignent en riant, après que le Capitaine les a salués avec respect, et les matelots sont entraînés par la garde.)

*CHANGEMENT A VUE.*

*Un salon.*

## SCÈNE XI.

MOLLY, *arrivant d'un côté*, FRÉDÉRIC, *de l'autre.*

MOLLY.

Comment, petit mauvais garnement, vous voilà encore avec des armes?

FRÉDÉRIC.

Eh! bien! qu'est-ce que ça te fait? là...

MOLLY.

Malgré la défense qu'on vous fait tous les jours.

FRÉDÉRIC.

Ah! bath, tu m'ennuies, tiens.

MOLLY.

C'est joli de répondre comme ça... Je dirai à votre papa combien vous êtes obéissant... Comme vous entrez dans son cabinet, malgré ses ordres, c'est comme dans ma chambre, vous touchez à tout.

FRÉDÉRIC.

Je te dis que tu m'ennuies, et que je veux m'amuser, moi.

MOLLY.

Voyez-vous comme il est mal élevé. Je veux... je veux... Je vous demande un peu de qui il tient pour avoir un caractère semblable. Son père, qui est si doux! et sa mère, qui est la bonté même! Vous n'avez pas assez d'autres joujoux, pas vrai, sans aller prendre des pistolets qui sont, peut-être, chargés.

FRÉDÉRIC.

Eh bien! tant mieux, je ferai comme les soldats... En joue!

(Il présente un pistolet à Molly.)

MOLLY, *effrayée.*

M. Frédéric, voulez-vous bien finir; vous allez voir qu'il va me casser la tête pour s'amuser.

FRÉDÉRIC.

Ah! oui, joliment; il n'y a rien dedans.

MOLLY.

Voyons.

FRÉDÉRIC.

Regarde plutôt.

MOLLY, *prend les pistolets, et les serre dans un meuble.*

Là, pour le coup, vous n'y mettrez pas la main, j'espère.

FRÉDÉRIC.

Ah! çà m'est égal; mon ami Campbell m'a promis de m'apporter un grand fusil; tu ne me le prendras pas celui-là!

MOLLY.

C'est ce que nous verrons. Un beau joujou à donner à un enfant qui n'écoute rien. Je rendrai compte de votre conduite à mistriss Wilkius.

FRÉDÉRIC.

Maman, elle t'écoutera bien.

MOLLY.

Justement, je l'aperçois.

FRÉDÉRIC.

Oui; eh bien! vas le dire, et tu verras.

## SCENE XII.

MOLLY, FRÉDÉRIC, MISTRISS WILKINS.

MOLLY.

Voyez comme elle est triste.

FRÉDÉRIC.

Ah! Molly, ne lui dis rien, je serai bien sage, je te le promets.

(Ils restent tous les deux à l'écart. Mistriss Wilkins entre lentement, les yeux baissés; elle s'approche d'un siége, s'assied machinalement, demeure immobile et comme ensevelie dans ses pensées.)

FRÉDÉRIC, *prend la main de Molly, l'amène tout doucement vers sa mère, passe à droite et dit presqu'à voix basse.*

Bonjour, maman.

MISTRISS WILKINS, *sortant de sa rêverie.*

Ah! c'est toi! bonjour, mon Frédéric...

MOLLY.

Ma chère maîtresse!

MISTRISS WILKINS.

Te voilà, Molly?

FRÉDÉRIC.

Est-ce que tu souffres?

MISTRISS WILKINS.

Non... non, mon ami. (*Elle l'embrasse tendrement.*) Mais...

MOLLY.

Voyez-vous Frédéric, votre mère a besoin de tranquillité; allez jouer jusqu'au déjeûner dans le jardin.

FRÉDÉRIC, *regardant encore sa mère.*

Oui, oui, j'y vais. Adieu, Molly, tu ne m'en veux plus, pas vrai?

MOLLY, *le suivant.*

Non... va, tu es bien gentil.

FRÉDÉRIC.

Adieu.

## SCENE XIII.

MOLLY, MISTRISS WILKINS.

MOLLY, *revenant.*

Allons, la voilà retombée dans ses rêveries... et il y a bien long-temps que c'est tous les jours de même.

MISTRISS WILKINS, *à part.*

Pas un mot qui m'apprenne au moins la cause de cette absence prolongée... Il ne pense même plus à moi.

MOLLY, *à part.*

Elle parle seule : il y a quelque chose dans cette tête, qui n'est pas naturel.

MISTRISS WILKINS, *à part.*

Et moi, je ne puis m'empêcher de songer à lui..... Je suis bien malheureuse!

MOLLY.

Malheureuse! vous?

MISTRISS WILKINS.

Ah! tu es encore là Molly?

MOLLY.

Oui, ma chère maîtresse; et toute émue de ce que je vois, de ce que j'entends... Vous, malheureuse... vous! aimée, adorée de tout ce qui vous entoure... Ce n'est pas d'aujourd'hui que je m'aperçois que vous êtes tourmentée... que vous avez perdu vos brillantes couleurs... cet air de joie et de santé qui faisait l'envie de toutes les marchandes de la Cité, vos voisines. Bien souvent je voulais vous demander ce que vous pouviez avoir; et puis la crainte que vous n'attribuiez à la curiosité...

MISTRISS WILKINS.

Je connais trop ton attachement pour m'y méprendre.

MOLLY.

Et comment ne vous aimerais-je pas? moi qui, depuis le berceau, vous ai déjà conduite si avant dans la vie; moi, qui vous ai nourrie avant d'être la femme de confiance de la maison? Toujours avec vous, toujours fière de votre gentillesse, de votre santé, que j'attribuais à mes bons soins; toute satisfaite quand j'entendais dire autour de moi : qu'elle est belle! car, à quinze ans, vous étiez déjà la plus jolie Miss de la Cité, et avec ça, bonne et aimable avec tout le monde, et sage!... Il n'aurait pas fallu qu'on se permît de dire un mot sur votre compte, la fille du marchand Corbett. Ah! ah! tout le quartier aurait pris fait et cause; aussi, vous avez trouvé un honnête homme; il fait votre bonheur, vous faites le sien; et tous deux vous recevez dans l'amour l'un de l'autre, la récompense de votre bonne conduite, et l'estime générale.

MISTRISS WILKINS.

Ah! chacune de tes paroles me déchire.

MOLLY.

Que dites-vous?

MISTRISS WILKINS.

Comment oser t'avouer... Rougir à tes yeux...

MOLLY.

Vous, rougir, et de quoi? Avez-vous donc quelques reproches à vous faire?

WILKINS.

Les plus grands... si je parle, tu vas me haïr... me mépriser, peut-être.

MOLLY.

Moi, ma chère maîtresse, vous ne pouvez le croire... Que mon âge et ma tendresse vous encouragent... A deux, le fardeau qu'on porte est moins pesant. Allons, confiez-vous à mon expérience...

MISTRISS WILKINS.

Ah! pourquoi n'ai-je pas osé le faire, lorsqu'il en était temps encore.

MOLLY.

Il n'est jamais trop tard... ouvrez-moi votre cœur.

MISTRISS WILKINS.

Tu le veux? Eh bien! oui, ce sera ma punition; oui, tu vas le connaître, cet horrible secret que j'aurais voulu ensevelir avec moi dans un éternel oubli. Ce secret, que vingt fois mon trouble, mes larmes et mes remords ont été sur le point de trahir, de révéler à celui dont il ferait le désespoir. Apprends donc... Eh! mon dieu, quelqu'un vient ici!

MOLLY.

Il prend bien son temps. (*elle regarde.*) Je ne connais pas cette figure-là.

## SCÈNE XIV.

LES MÊMES, JACK.

JACK, *en entrant, dit à part en voyant Molly:*

Goddem! elle n'est pas seule.

MOLLY.

Que voulez-vous, mon ami?

JACK, *à part.*

Ce que je voudrais, ce serait de te voir bien loin. (*haut.*) Je désirerais parler à Monsieur ou à madame Wilkins.

MOLLY.

Voilà Madame...

MISTRISS WILKINS.

A moi?...

MOLLY.

Quant à Monsieur. . . il n'est qu'à deux pas, et je vais aller le chercher.

JACK.

Ne vous donnez pas cette peine; puisque Madame est ici... ( *bas.*) C'est de la part du duc de Rochester.

MISTRISS WILKINS.

Grand dieu!

JACK, *en lui montrant une lettre.*

Il m'a chargé de vous remettre...

MISTRISS WILKINS, *bas.*

Sortez...

JACK, *bas.*

De grâce, écoutez-moi...

MISTRISS WILKINS, *bas.*

Je ne veux rien entendre.

JACK, *bas.*

Retenu, malgré lui, à Windsor... Si vous saviez ce qu'il a souffert d'une aussi longue absence.

MISTRISS WILKINS.

Vous me pressez en vain, je ne la prendrai pas.

JACK, *bas.*

Avant de le condamner, écoutez-le.

MISTRISS WILKINS.

Sortez, vous dis-je!

JACK.

Puisque vous le voulez, je me vois forcé de prier Madame ( *en montrant Molly.*) de vouloir bien se charger de ma lettre.

MOLLY.

Avec plaisir.

MISTRISS WILKINS.

Ne la prends pas, Molly.

MOLLY.

Et pourquoi? si elle est pour Monsieur.

JACK.

Pour Monsieur... ou pour Madame, elle est sans adresse, enfin, c'est de la part de M. Campbell.

MOLLY.

Dites donc, Madame, c'est de la part de M. Campbell. Donnez alors; il y a bien long-temps que nous ne l'avons vu. M. Wilkins a bien pensé à lui. C'est comme Madame, qui ne faisait qu'en parler. Jusqu'au petit Frédéric...

MISTRISS WILKINS.

Assez, Molly.

JACK.

Je me retire, en vous remerciant de votre complaisance; je ne manquerai pas de faire part à M. Campbell de tout ce que je viens d'entendre.

MOLLY.

Vous nous ferez plaisir. J'ai bien l'honneur, Monsieur...

## SCÈNE XV.

Mistriss WILKINS, MOLLY.

MISTRISS WILKINS.

Imprudente Molly !...

MOLLY.

Comment, est-ce que j'ai eu tort de faire savoir à M. Campbell, si bon, si généreux, tout l'attachement que la famille lui porte ?

MISTRISS WILKINS.

Ah! tu ne peux connaître tout le mal que tu m'as fait, en acceptant cette lettre.

MOLLY.

En vérité, je ne sais plus ce que tout cela signifie.

MISTRISS WILKINS.

Tu peux la lire; elle renferme mon secret, ma honte.

MOLLY.

Ma chère maîtresse, votre esprit s'égare.

MISTRISS WILKINS.

Plût à Dieu! Mais lis, je ne dois plus rougir.

MOLLY.

Oh! mon dieu, mon dieu, qu'est-ce que c'est donc? je tremble de tous mes membres. « Six mois sans vous voir! je n'ai pas » vécu pendant cette longue absence. Le devoir me retenait » auprès de Sa Majesté, mais je suis de retour avec un nouveau » titre; des marques précieuses de la faveur du souverain. Et » toujours plus épris, Campbell vient mettre à vos pieds ses » titres, son crédit et son amour. »

Comment, M. Campbell... je n'y comprends plus rien... il aurait pu vous amener... et vous... Allons, il ne faut plus compter sur personne... je le disais bien que M. Campbell finirait par se perdre... il était à si bonne école chez le duc de Rochester.

MISTRISS WILKINS.

Tu ne connais encore qu'une partie de mon infortune ; car, ce n'est point Campbell qui venait ici... c'est...

MOLLY.

N'achevez pas... je devine... Ah! ma pauvre maîtresse, vous êtes perdue!

MISTRISS WILKINS.

Ecoute-moi, avant de me mépriser... Crois-tu que celle que tu avais élevée, pouvait consentir volontairement à se couvrir d'infamie ?... Non... j'ai été entraînée... poussée dans l'abîme... j'ai combattu vainement... ma perte était inévitable.

MOLLY.

Ah! pourquoi faut-il que ce maudit Seigneur ce soit attaché à vos pas ?

MISTRISS WILKINS.

Je vais t'instruire de tout. Tu sais que, destinée à sir Wilkins dès ma première jeunesse, je vis approcher l'instant de notre union sans peine, mais sans plaisir, comme une chose arrangée, que désirait ma famille, et pour laquelle je n'avais pas de répugnance. Les vertus de mon époux, que j'appréciais mieux de jour en jour, portaient au plus haut point mon estime et mon affection pour lui... hélas!... Un jour j'étais au Temple, la chaleur étouffante, encore augmentée par la foule, m'incommoda au point de me faire perdre connaissance. En r'ouvrant les yeux, je me trouvai avec surprise, livrée aux soins d'un jeune homme d'une figure charmante, et de l'extérieur le plus séduisant ; je le reconnus alors pour l'avoir rencontré, depuis quelque temps, sur mon passage. Il mettait un vif empressement dans les secours qu'il me prodiguait, et l'intérêt le plus tendre se peignait dans ses regards; ses soins, malgré moi, touchaient mon cœur... Je me troublai... j'étais tremblante... il s'aperçut de mon émotion, et je remarquai la sienne, lorsque, me trouvant trop faible pour me laisser revenir seule, il m'offrit de me ramener. Rentrée à la maison, je me promis d'éviter toute occasion de sortir, au moins pendant quelques jours... Mais, quelle fût ma surprise, de voir le lendemain, l'inconnu revenir chez moi, présenté par mon époux lui-même, sous le nom de Campbell, secrétaire intime du duc de Rochester.

MOLLY.

Là, voyez un peu... amener lui-même chez sa femme... ils n'en font jamais d'autres...

MISTRISS WILKINS.

Molly!

MOLLY.

Pardon, pardon, je vous écoute.

MISTRISS WILKINS.

Mon mari se félicitait chaque jour d'avoir trouvé dans Campbell, un protecteur qui lui faisait obtenir de la cour des fournitures considérables. Incertaine si je devais tout avouer à Wilkins, ou éviter, le plus possible, la vue de Rochester, qui trouvait mille prétextes pour venir à la maison, je l'écoutai bientôt sans m'en apercevoir, entraînée par mon propre penchant... lorsque je songeai à ramener ma pensée sur moi-même, il n'était plus temps... j'avais trop compté sur ma vertu. Cependant, Molly, jamais un mot d'espérance n'avait encouragé son audace... mais il avait lu sans doute dans mon âme. Wilkins vint me dire un matin que, passant une partie de la journée avec Campbell, il m'engageait à profiter de son absence pour aller dîner chez ma sœur, que je ne voyais que rarement, quoiqu'elle ne fut point encore au théâtre. Campbell me donna la main pour monter dans une voiture de place. Je pars, trop préoccupée pour faire attention à la route qu'on me faisait prendre; ce n'est qu'en traversant une longue avenue, que je m'aperçois que je ne vais point chez Clarisse. Avant que j'eusse pu dire un mot, la voiture s'arrête devant un péron brillant, on me fait descendre presque de force, on m'introduit dans un appartement magnifique; c'est là, que sous les traits du faux Campbell, je trouvai Rochester lui-même... je veux fuir, il m'arrête et cherche à m'appaiser, à m'attendrir par les protestations les plus vives... Je lui reproche sa duplicité, l'odieuse hypocrisie avec laquelle il a trompé mon époux... Il ne s'excuse que sur la violence de sa passion... il ne repond à mes prières que par des instances nouvelles. Il supplie, il menace, il pleure même à mes genoux... il retient mes pas... mes cris ne sont point entendus... tout combat contre moi... Sa passion, ses larmes, la force.......... Et pourtant, Molly, et pourtant, Dieu m'en est témoin, mon cœur tout égaré qu'il était, ne fut point complice de son exécrable forfait...

MOLLY.

Le monstre!..

MISTRISS WILKINS.

Ah! Molly, tu ne peux te faire une idée des maux que j'endure depuis l'instant où je rentrai dans mon ménage, flétrie à mes propres yeux, et le désespoir dans l'âme... Des jours sans repos, des nuits sans sommeil... le chagrin me consume, et la honte me tue!... Pour ajouter à mes tourmens, l'image de l'homme que je dois détester, que je voudrais maudire... elle me suit en tous lieux... au Temple, quand je prie; au milieu de mes occupations journalières... je la vois et c'est envain que je la repousse; elle est constamment devant mes yeux, fait mon désespoir, et causera ma mort.

MOLLY.

Ah! ma bonne maîtresse, vous songez à mourir, vous! épouse et mère!

MISTRISS WILKINS, *avec effroi, à part.*

Mère!

MOLLY.

Vous pouvez encore vivre heureuse.

MISTRISS WILKINS, *fortement.*

Jamais, avec des remords éternels!..

MOLLY.

Le désespoir est un crime, comme le repentir est une vertu. Prenez sur vous-même, excitez-vous au courage, ayez la force de ne plus vous montrer à ses yeux.

MISTRISS WILKINS.

Je le voulais, mais cette lettre?

MOLLY.

Il faut y répondre.

MISTRISS WILKINS.

Y répondre, moi?

MOLLY.

Je me charge de lui porter moi-même votre réponse, pour réparer la faute que j'ai commise en ne refusant pas sa lettre.

MISTRISS WILKINS.

C'est ton avis, ma bonne Molly, ma seconde mère; eh bien! je le suivrai.

MOLLY.

On vient... essuyez vos yeux... c'est votre mari... Je vais vous attendre dans votre chambre.

MISTRISS WILKINS.

Sa présence me fait toujours trembler!

( Elle sort. )

## SCÈNE XVI.

MISTRISS WILKINS, FRÉDÉRIC.

FRÉDÉRIC.

Maman, maman, papa te cherche.

MISTRISS WILKINS, *à Frédéric.*

Laisse-nous, et va voir si mes lettres sont arrivées.

FRÉDÉRIC.

J'y vais.

( Il sort. )

## SCÈNE XVII.

MISTRISS WILKINS, WILKINS.

WILKINS, *à sa femme.*

Je suis enchanté que nous nous trouvions seuls. J'ai besoin d'avoir enfin une explication avec toi.

MISTRISS WILKINS.

Une explication!

WILKINS.

Oui. J'espère que tu vas m'ouvrir ton âme tout entière.

MISTRISS WILKINS.

Oh! mon dieu! que va-t-il me dire?

WILKINS.

Je saurai pourquoi tu m'as fait mystère de tes chagrins aussi long-temps. Tu devais penser que je finirais par les pénétrer. ( *surprise de mistriss Wilkins.* ) Qu'y a-t-il dans mes discours qui doive te surprendre? N'était-il pas naturel qu'un changement subit dans ton humeur, autrefois si enjouée, m'inspirât des craintes?

MISTRISS WILKINS.

Des craintes!

WILKINS.

Que ta mélancolie et ce goût extraordinaire pour la solitude fit naître en moi quelques soupçons?...

MISTRISS WILKINS, *alarmée.*

Des soupçons!

WILKINS, *souriant.*

Oui, des soupçons... On ne verse pas de larmes sans sujets, car tu avais beau vouloir me les cacher, quand la rougeur de tes yeux ne t'eût pas trahie? ( *il lui prend la main.* ) J'ai plus d'une fois... épié...

MISTRISS WILKINS.

Épié!...

WILKINS.

Ta douleur. Oui... tu es coupable...

MISTRISS WILKINS.

Coupable!

WIKLINS, *cherchant à lire dans ses regards.*

Envers toi-même, seulement, puisque tu as souffert. Plutôt que de gémir en secret, il fallait tout simplement venir à moi, comme tu l'as fait souvent dans d'autres circonstances. Je sais combien est pénible l'absence de ceux qu'on aime.,.. et c'est-là ton secret, n'est-il pas vrai? Eh! mon dieu! te voilà toute tremblante, pâle comme un accusé devant son juge... Si je ne te connaissais bien, je pourrais croire... Mais tes yeux se ferment comme si tu allais te trouver mal, Jenny! (*il l'assied.*) Ce n'est point un reproche... Je ne suis pas assez injuste pour t'en vouloir de l'attachement que tu portes à une sœur avec laquelle tu as passé ton enfance.

MISTRISS WILKINS, *la main sur son cœur.*

Ah! je ne respirais plus!

WILKINS.

En vérité, tu n'as pas de raison de te mettre dans un pareil état, parce que je t'accuse d'un léger manque de confiance.... Et moi-même, n'aurai-je pas dû te dire: Ma Jenny, tu t'imagines peut-être que je partage la colère de nos parens contre la pauvre Clarisse, à cause de la profession qu'elle a embrassée. Tu penses que je lui ai fait aussi défendre ma porte, depuis que sa vocation, en dépit de tout, l'a entraîné à briller sur le théâtre, plutôt qu'à vivre dans un comptoir. Non, mon amie, j'ai le préjugé de croire que le talent honore dans toute profession, lorsqu'il est accompagné d'une bonne conduite. Voilà ce que j'aurais dû te dire avant tout, et je t'aurais épargné bien des larmes, mais je voulais te surprendre.

MISTRISS WILKINS.

Eh quoi! ma bonne Clarisse a trouvé grâce devant vos yeux?

WILKINS.

Je ne lui en ai pas voulu un instant; mais plutôt que de rompre en visière avec tous les nôtres, j'ai cru devoir les amener tout doucement à penser comme moi et je voulais ne t'instruire de ma négociation qu'après le succès.

MISTRISS WILKINS, *se jette sur sa main et la baise.*

Ah! mon ami, de quel attachement profond n'est pas digne un cœur plein de bonté comme le vôtre!

WILKINS.

Les débuts heureux de Clarisse avaient fait grand bruit dans la Cité. Les feilles publiques retentissaient des éloges de la nouvelle actrice. Les oncles n'en étaient que plus irrités contre elle, mais les cousins faiblissaient déjà. Un jour, on donnait *Roméo*, je proposai, comme par hasard, d'aller passer la soirée à Drury-Lane. Parce qu'on a une parente au théâtre, ce n'est pas une raison pour renoncer au spectacle, leur dis-je, et d'ailleurs, nous verrons par nos yeux si cette merveille est aussi étonnante qu'on le prétend. J'avais fait prévenir Clarisse, elle se surpassa; les bravos, les acclamations, les trépignemens ébranlaient la salle. Les cousins s'abandonnent les premiers à l'impulsion générale. Les oncles veulent encore renfermer leur émotion dans leurs mouchoirs. Mais au dénouement la bombe éclata; oncles et cousins avaient perdu la tête, électrisés par l'enthousiasme universel. Si ce n'eût été un peu de honte de revenir ainsi devant moi, tous, ils auraient volontiers crié tout haut: « Messieurs, cette merveille est de la famille! » Et ils se seraient précipités sur la scène pour embrasser la débutante!

MISTRISS WILKINS.

Ainsi, je vous devrai de revoir bientôt ma bonne sœur?

WILKINS.

Oui, mon amie, je ne voulais te dire tout cela que ce soir pendant la fête...

MISTRISS WILKINS.

Une fête?

WILKINS.

Oui, l'anniversaire de notre heureux mariage. Tous nos parens sont prévenus, Clarisse aussi.

UN VALET, *annonçant.*

Miss Clarisse!

## SCÈNE XVIII.

LES MÊMES, CLARISSE.

CLARISSE.

Ma sœur!

(Elle se précipite dans ses bras.)

MISTRISS WILKINS.

Ma chère Clarisse!

CLARISSE.

Grâce à ton excellent mari, je pourrai donc, sans que nos chers parens en grondent, te voir souvent.

MISTRISS WILKINS.

Tous les jours.

CLARISSE.

Causer avec toi.

MISTRISS WILKINS.

Comme par le passé.

CLARISSE.

Sans contrainte. ( *à Wilkins.* ) Ah ! mon ami, toute ma reconnaissance ne paiera pas assez...

WILKINS.

C'est votre amitié que je veux.

CLARISSE, *les prenant tous deux par la main et les amenant en scène.*

Ah! ça, mes bons amis, dites-moi, et les affaires comment vont-elles? Lors de vos démarches si bienveillantes, trop occupée de moi-même, je crois que je ne songeai pas une seule fois à vous faire cette question, êtes-vous contents de la fortune ?

WILKINS.

Mais oui, forts contens. Nous avons une très-honnête aisance.

CLARISSE.

Quant au bonheur, je ne vous en parle pas. Faits l'un pour l'autre, vous n'avez rien à désirer ; et votre charmant ménage, je le sais, est l'exemple et l'envie de toute la ville.

WILKINS.

Elle est si douce et si prévenante, ma Jenny, que je serais bien coupable, si je ne cherchais tous les moyens possibles d'embellir l'existence d'une femme qui mérite si bien tout mon amour.

MISTRISS WILKINS, *tremblante.*

Qui voudrait tout faire au moins pour le mériter.

CLARISSE.

Chère sœur, aussi modeste que bonne, toutes les qualités réunies !

WILKINS, *la serrant dans ses bras.*

Sois toujours de même, la bonté, c'est la parure de la vertu.

MISTRISS WILKINS, *oppressée.*

Assez, assez !

CLARISSE.

Pourquoi donc, je prends bien ma part de plaisir dans ce témoignage de votre commune tendresse. Eh bien !... c'est peut-être le temps que je suis restée sans te voir, qui produit cet effet... je te trouve un peu changée.

WILKINS.

C'est vrai... et vous y êtes pour quelque chose.

CLARISSE.

Moi?

WILKINS.

Oui, votre longue absence... après cette douce intimité de jeunesse.

CLARISSE, *à sa sœur.*

Vraiment! chère amie?

MISTRISS WILKINS.

Cela doit te sembler bien naturel. Mais c'est trop parler de moi; c'est de ton sort qu'il faut nous entretenir. Comment, sans vocation marquée pour le théâtre, te trouves-tu placée si haut devant l'admiration publique.

CLARISSE.

Oh! c'est tout une aventure. La vocation y était, je crois, mais encore assoupie... il fallait une étincelle, elle jaillit du talent de notre belle Kittledy, et le feu sacré s'alluma dans mon âme. J'allais au spectacle pour la première fois, le jour qu'elle jouait Juliette de *Roméo.* Je ne te dirai pas ce que j'éprouvai pendant cette représentation; il faut l'avoir senti pour le comprendre. Tous les mouvemens de passion, de douleur, d'épouvante, me saisissaient, m'électrisaient, s'emparaient de tout mon être. Je n'étais plus moi, j'étais Juliette toute entière dans mes gestes, dans ma mémoire, dans mon cœur; et je m'écriais en rentrant dans ma chambre, comme une folle, et moi aussi je serai comédienne! A l'insu de tout le monde, me voilà étudiant jour et nuit. Un beau matin, j'arrive chez miss Kittledy; je l'aborde en rougissant, mais décidée. Elle s'informe de mes études dramatiques; je commence mon répertoire; et bientôt voilà cette excellente femme qui m'interrompt, qui m'embrasse, qui m'offre ses services de la façon la plus aimable et la plus franche. Je débute : le public m'accueille avec bienveillance; et cependant, Kittledy, toujours la même, me presse dans ses bras, me proclame sa digne rivale, et ce qui complète son éloge, demeure mon guide, et devient ma meilleure amie.

WILKINS.

Généreuse protection! peut-être encore trop rare dans les arts, et qui vous honore toutes deux.

MOLLY, *arrivant.*

Voilà toute la famille.

## SCÈNE XIX.

LES MÊMES, LA FAMILLE DES DEUX ÉPOUX.

WILKINS, *allant au-devant d'eux.*

Venez, mes amis, venez revoir une bonne parente qui n'a jamais cessé de mériter votre estime et votre attachement.

CLARISSE, *allant à tous, embrassée par les uns, et donnant la main aux autres.*

Vous voulez donc bien me rendre votre amitié?

WILKINS, *riant.*

Oui bonne sœur, oui, nous daignons vous pardonner de faire l'admiration de la capitale par votre talent, et de vous attirer l'estime publique par une conduite irréprochable; où, pour parler sérieusement, nous sommes glorieux d'être alliés à deux sœurs qui, dans des carrières bien différentes, sont dignes l'une et l'autre, de la considération de tous les gens de bien.

CLARISSE.

C'est à toi que je dois cet éloge de mon cher Wilkins, à toi, dont j'ai toujours eu le bon exemple sous les yeux depuis mon enfance, et que je ne cesserai jamais de prendre pour modèle.

MISTRISS WILKINS, *à part.*

Grand dieu! fais qu'elle ignore toujours combien je suis peu ligne de ses éloges.

( Molly vient parler à Wilkins. )

WILKINS.

Eh bien, nous allons nous mettre à table.

FRÉDÉRIC, *accourant.*

Voici tes lettres.

( Il les présente à son père. )

WILKINS.

Donne. ( *apercevant encore un papier.* ) Et celle-ci?

FRRDÉRIC.

Ce n'est pas pour toi, je viens de la trouver sur l'escalier.

WILKINS.

C'est égal, donne toujours.

Il prend la lettre et la lit, pendant que les Messieurs offrent la main aux Dames. Après la lecture, Wilkins fait un mouvement violent; tandis que les deux sœurs sont prêtes à partir, les mains enlacées.)

FIN DU PREMIER ACTE.

# ACTE II.

*Le Théâtre représente un cabinet.*

## SCÈNE PREMIÈRE.

JACK, *seul, un paquet de lettres à la main.*

Quand je vous dis, Williams, que je les remettrai moi-même... Ces femmes charmantes, ça n'aime pas à languir... arrivés d'hier... et ce matin... Voilà le paquet... quelle collection!...Et comme c'est léger!... On dirait d'un congrès... voilà les puissances réunies... l'empire des dignités... l'empire de l'argent... et celui de la beauté... rien qu'aux différens parfums qu'ils exhalent, je suis bien sûr de ne pas me tromper. (*il flaire un billet.*) De l'ambre, c'est de la noblesse toute pure... des chiffres sur papier doré... c'est de la finance... papier moins frais, piqûres d'aiguille, et un bout de fil pris au cachet... grisette sentimentale, je te tiens... Mais celui-ci... forte odeur de tabac... pattes de mouche... le mot chicane... ah! justice, je te reconnais... tu est timbrée... c'est bien ça... Eh bien, qu'est-ce qui vient me déranger?

## SCÈNE II.

JACK, UN DOMESTIQUE, *apportant le thé.*

LE DOMESTIQUE.

C'est le thé de M. le Duc que j'apporte.

JACK.

Posez-le sur cette table, et laissez-moi.

(Le domestique sort.)

JACK.

Ces drôles-là choisissent toujours le moment où l'on est occupé... M. le Duc se lève bien tard aujourd'hui... Un homme comme lui toute la nuit à la taverne... c'est honteux... passe pour moi... Et son thé qui l'attend... j'ai peur qu'il ne se refroidisse... (*il en arrange une tasse et boit.*) Il peut encore se boire...

ROCHESTER, *dans la coulisse.*

Jack!

JACK, *qui buvait.*

Ah! mon dieu! Milord!.. (*à part*) C'est que ça me brûle.

(Il met la tasse dans sa poche, quoiqu'elle ne soit pas vide.)

## SCÈNE III.

ROCHESTER, JACK.

ROCHESTER.

Mon thé?

JACK.

Le voici, Milord.

ROCHESTER.

Décidément, je ferai fermer la taverne de ce coquin de Tom... il a du vin détestable... on ne peut pas en boire une douzaine de bouteilles, sans qu'il vous prenne à la gorge... Qu'est-ce qu'il y a de nouveau ce matin, maître Jack?

(Il prend son thé.)

JACK.

Rien, absolument, M. le Duc... les huissiers et les jolies femmes assiégent votre hôtel, comme par le passé... ça n'a rien de neuf.

ROCHESTER.

Ces chers créanciers ne m'oublient pas... Mais c'est extrêmement aimable... je m'en suis occupé de mon côté.

JACK.

M. le Duc veut rire...

ROCHESTER.

Non, de par saint Georges... j'ai pris des mesures pour liquider ce matin... je me range.

JACK.

Ah! l'intendant de M. le Duc aurait reçu des fonds?

ROCHESTER.

Tu es bien sot, quand tu t'y mets, mon cher Jack!.. Allons, ne cherche pas à deviner, tu ne sauras rien qu'au moment de ma liquidation... tout ce que je veux bien te dire, c'est que j'attends ce matin le capitaine Cowlay.

JACK.

Comment votre Excellence serait en rapport avec un recruteur... un homme chargé de faire la presse des matelots... un drôle enfin...

ROCHESTER.

Drôle?.. un homme précieux pour la société... qui la débarrasse de tous les mauvais sujets qui ne vivent que pour y porter le trouble.. Il voulait m'emmener avec lui...

JACK.

Je conçois que...

ROCHESTER.

Assez, faquin. Lorsqu'il se présentera, tu le feras monter dans mon cabinet... puis tu viendras m'avertir... tu m'entends ?

JACK.

C'est tout ce que je puis faire pour le service de votre Seigneurie... car pour comprendre...

ROCHESTER.

Je ne t'en demande pas davantage... Ah ça, assez d'affaires... passons aux jolies femmes... Tu me disais donc qu'elles assiégeaient mon hôtel?

JACK.

Oui, M. le Duc, et, comme les huissiers, elles ont aussi leurs assignations, leurs sommations, bientôt suivies de prises de corps... Si votre Excellence veut y jeter les yeux... voilà...

(Jack passe les lettres l'une après l'autre; Rochester les prend nonchalamment.)

ROCHESTER, *en regardant la première.*

Je reconnais l'écriture de la blonde Jennings, dont la figure pétille d'esprit et de vivacité... La petite Temple, au regard si tendre, mais trop suffisante et trop sotte... Ah! la pauvre Middeleton, assez coquette pour ne refuser personne... Comment encore ? ...... Mais c'est pour en mourir...... Garde, Jack... tu liras cela ce soir, avant de te coucher, mon garçon... cela te fera passer une nuit excellente... puis demain matin, tu me feras ton rapport.

JACK.

Ah! monsieur le Duc, je vous demande grâce.

ROCHESTER.

Comment, maraud, tu te fais prier! Le style des beautés les plus célèbres!

JACK.

C'est par discrétion.

ROCHESTER.

Pauvre génie que je ne formerai jamais!... Tu me fais rire avec ta discrétion... Un banquier qui veut augmenter son crédit étale ses écus... il en est de même avec les femmes ; c'est en publiant ses bonnes fortunes, qu'on est sûr de se les attacher.

JACK, *poussant un soupir.*

Donnez donc le paquet, Monseigneur.

ROCHESTER.

Non, pour cette fois encore, je veux bien y répondre moi-même. (*il les jette au feu.*) Suis-je long à faire ma correspondance?... Regarde cette flamme... c'est l'image de celle qui embrâsait nos cœurs... ça brille, et ça s'éteint aussitôt.

JACK.

Cependant, vous leur juriez...

ROCHESTER.

Et elles aussi... nous étions aussi sincères les uns que les autres.... A propos, as-tu porté ma lettre à Mistriss Wilkins?...

JACK.

Oui, Monseigneur.

ROCHESTER.

Eh bien?

JACK.

Elle n'a rien répondu, mais elle a pris le billet, ce qui veut dire qu'elle vous attend.

ROCHESTER.

Pauvre petite femme!... je me sens un vif désir de la revoir...

JACK.

Puisque monsieur le Duc veut bien prendre la peine de me former, me permettra-t-il une question?

ROCHESTER.

Parle, j'y consens.

JACK.

Que votre Excellence adore plus ou moins des femmes renommées par leur esprit ou leur beauté, je ne vois rien là que de très-naturel... mais, je ne comprends pas un caprice, après six mois d'absence, pour une femme mélancolique, sombre, même... Elle avait des larmes dans les yeux.

ROCHESTER.

Eh! oui, mon cher; elle a des remords... Et c'est si rare!...

JACK.

Le piquant de la nouveauté vous séduit!... Ah! je n'ai plus rien à dire.

ROCHESTER.

En ce cas, va-t-en, car j'entends Butler, secrétaire par état, et prédicateur par goût... nous allons faire de la morale, ça ne te regarde plus.

JACK.

Je m'éloigne.

## SCENE IV.

ROCHESTER, BUTLER.

ROCHESTER.

Quoique vous ne m'ayez pas habitué aux complimens, je vous attendais, mon cher Butler, pour en recevoir de votre part.

BUTLER.

A qui la faute, Milord, s'ils deviennent rares?

ROCHESTER.

Merci. Je suis bien aise, pourtant, mon cher ami, de vous apprendre que j'ai regagné la faveur de Sa Majesté... Nous sommes maintenant au mieux ensemble... elle vient de me créer Duc à Windsor, à la suite d'une partie de chasse où j'ai fait preuve d'une adresse vraiment extraordinaire... Et surtout après la lecture, à un petit souper d'une satire bien piquante, contre deux grandes dames de la cour, qu'elle ne peut souffrir... Je vous la lirai aussi... Eh bien, dites-moi, est-ce que Sa Majesté n'aurait pas le bonheur d'obtenir votre assentiment dans ce qu'elle a fait pour moi?

BUTLER.

Pardonnez-moi, Milord; je trouve très-naturel qu'on accorde à la rapidité d'une jument, au coup-d'œil d'un chasseur, et à un écrit qui peut ternir la réputation de deux femmes, ce qu'on refuse souvent à de longs et loyaux services.

ROCHESTER.

Parbleu! ne voudrais-tu pas que les premières dignités de

l'État fussent destinées à de simples officiers, à ce que nous appelons des officiers de fortune?

BUTLER.

Je pense absolument comme vous... A quoi peuvent être bons de simples officiers? des officiers de fortune, qui n'ont d'autre mérite que de bien se battre, et de mourir pour leur patrie?... Ils ne sont faits que pour verser leur sang sur le champ de bataille, et les courtisans pour en recevoir la récompense dans les anti-chambres.

ROCHESTER.

Courage, Butler, tu persifles à ravir.

BUTLER.

Votre Excellence ne m'avait-elle pas demandé mon avis?

ROCHESTER.

Je vois que tu me le donnes.

BUTLER.

En conscience, Milord.

ROCHESTER.

Trouverais-tu beaucoup d'écoliers aussi dociles que moi à de semblables leçons?

BUTLER.

Les sourds se formalisent-ils jamais de ce qu'on leur adresse?

ROCHESTER.

Conviens aussi que la patience est une vertu.

BUTLER.

Pourquoi auriez-vous tous les défauts?

ROCHESTER.

Continue... je t'admire... et moi aussi... Me diras-tu ce qui peut t'engager à m'adresser sans cesse des reproches... (*Butler fait un geste.*) des vérités, si tu veux, mais aussi dures?...

BUTLER.

Ma conscience, Milord, qui n'a jamais su flatter des vices, et qui ne rend hommage qu'à la probité.

ROCHESTER.

La conscience, la probité, mots très-sonores, cher Butler, qui conduisent rarement sur le chemin de la fortune.

BUTLER.

Oui, mais qui ne vous écartent jamais de celui de l'honneur...

ROCHESTER.

Tu n'es qu'un original.

BUTLER.

Dont les copies se perdent tous les jours... Hélas, oui, Milord.

ROCHESTER.

Le vrai disciple de cette vieille tête ronde de Milton.

BUTLER.

Dont on parlera plus long-temps que de celles des grands seigneurs qui se font aujourd'hui gloire de le dédaigner.

ROCHESTER.

Je n'aurai pas le dernier... cessons donc cet entretien.

BUTLER.

C'est le plus sûr moyen de nous entendre.

ROCHESTER, *cherchant des dépêches.*

Encore... Mais je ne veux pas me fâcher avec toi... j'ai à te donner beaucoup de besogne... Campbell est resté malade à Windsor... Tiens, vois-tu? j'ai marqué sur toutes ces lettres les réponses à y faire.... je ne veux avoir qu'à signer... Je te recommande surtout la première.

BUTLER.

C'est par erreur, sans doute, que sa Seigneurie a laissé ce billet... et cette boucle de cheveux?

ROCHESTER.

Pas du tout... tu ne vois pas que c'est une apostille... Tu marqueras bien à Clarendon qu'il me faut la place, que je lui demande, s'il ne veut pas se brouiller avec moi.

BUTLER.

Mais, Milord, il faudra destituer un père de famille.

ROCHESTER.

Ça ne me regarde pas... c'est pour le cousin de cette cantatrice italienne nouvellement débarquée... Elle est trop jolie pour que je lui manque de parole... Vas... et hâte-toi.

BUTLER, *en sortant du cabinet.*

Avec des chanteurs et des chanteuses, l'état sera bien gouverné... Pauvre Angleterre!

## SCÈNE V.

ROCHESTER, JACK, *puis* MOLLY.

JACK.

Monseigneur, la vieille gouvernante de mistriss Wilkins est là; elle voudrait vous parler.

ROCHESTER.

Fais-la entrer sur-le-champ.

MOLLY, *entrant.*

C'est bien heureux.... Que de façons pour arriver jusqu'ici!...

ROCHESTER.

Ma bonne Molly, je suis enchanté de te voir.

MOLLY.

Je ne vous en dirai pas autant, moi.

ROCHESTER.

Que d'amabilité... Mais puis-je connaître le motif qui t'amène?

MOLLY.

Le voilà... c'est cette lettre. Ma pauvre maîtresse m'a chargée de vous la remettre, et d'attendre ensuite votre réponse de vive voix.

ROCHESTER.

Une lettre de ma charmante Jenny. Ah! je ne m'attendais pas à tant de bonheur. Voyons.

MOLLY, *s'asseyant.*

Que je me repose un peu, car mes pauvres jambes ont de la peine à me porter. (*regardant Rochester, à part.*) Il a l'air de s'attendrir, puisse le ciel l'engager à respecter son repos.

ROCHESTER, *riant aux éclats.*

Ah! ah! c'est pour me prier de ne plus la revoir; l'épître est divine, en vérité.

MOLLY.

Eh quoi! Monsieur, c'est là tout l'effet que cette lettre produit sur vous?

ROCHESTER.

Une jolie femme qui me conjure de l'oublier, tandis qu'ordinairement elles me font des reproches sur ma trop grande facilité à perdre la mémoire. En vérité, Molly, ta maîtresse ne fait rien comme les autres.

MOLLY.

Pouvez-vous, M. le Duc, vous faire un jeu cruel de ses tourmens?

ROCHESTER.

C'est elle qui se plaît à me désespérer. Me bannir de sa présence.

MOLLY.

Enfin, Monsieur, que dois-je lui répondre?

ROCHESTER.

Que si elle continue ainsi, j'en deviendrai fou tout-à-fait.

MOLLY.

Eh quoi! Monsieur, vous persistez? Réfléchissez au sort que vous préparez si légèrement à cette infortunée. N'est-ce donc pas assez de lui avoir ravi son repos, sa propre estime? vous voudriez encore rendre sa honte publique. Ah! Monsieur, ayez pitié de la malheureuse Jenny... élevée dans la crainte de Dieu, dans l'amour de la vertu, elle faisait la joie, la gloire de tous ceux qui l'entouraient. Pourquoi avez-vous attaché vos regards sur elle? Depuis ce temps, les pleurs, les remords ne l'ont pas quittée. Eh bien! elle vous pardonne, si vous voulez la laisser toute entière au repentir, ne pas lui ravir au moins l'espoir de racheter, par ses prières, une faute bien involontaire? Si ses supplications ne suffisent pas pour vous toucher... eh bien! la vieille Molly se jette à vos genoux, et vous demande en grâce de ne pas achever de déshonorer l'enfant qu'elle a nourrie.

ROCHESTER.

Relève-toi, Molly; le diable m'emporte, si tu n'avais cessé, je crois que je serais aussi devenu amoureux de toi. Parole d'honneur, tu avais dans l'organe... quelque chose d'enchanteur qui allait droit à l'âme. Tu as dû être fort bien, dans ton temps?

MOLLY.

N'obtiendrai-je donc de vous que de cruelles plaisanteries?

ROCHESTER.

Moi, plaisanter; non, de par saint Georges, et la preuve. (*il l'embrasse.*) Tu as encore une très-jolie taille.

MOLLY.

Laissez-moi.

ROCHESTER.

Il paraît que les femmes étaient farouches sous le règne de Charles Ier?

MOLLY.

Puisse le ciel ne pas vous punir un jour de votre endurcissement. Je sors, mais je vous préviens que, puisque vous êtes sourd à ma voix, comme à celle de la malheureuse Jenny. Je serai sans cesse sur ses pas, comme son ombre; toujours là, entre vous deux, jusqu'à ce que vous renonciez à la poursuivre de votre odieuse présence. Adieu!

ROCHESTER.

Comment! tu pars déjà?

## SCÈNE VI.

LES MÊMES, JACK, *une lettre à la main.*

JACK, *bas à Rochester.*

Une lettre de sir Wilkins.

( Il sort. )

ROCHESTER.

Attends, Molly. ( *il lit.* ) Ah! c'est délicieux. La femme me chasse, et le mari me prie de passer la soirée chez lui. Ils sont toujours bien inspirés. ( *haut.* ) Allons, Molly, je ne veux pas que nous nous quittions fâchés, au contraire ; à cause de ton éloquence, je me rendrai aux désirs de ta maîtresse.

MOLLY.

L'ai-je bien entendu? Vous ne vous moquez pas de la pauvre Molly?

ROCHESTER.

Je parle sincèrement.

MOLLY.

Ainsi, je peux dire à ma chère Jenny...

ROCHESTER.

Que Rochester lui jure de ne jamais mettre les pieds chez elle. ( *à part.* ) Mais Campbell jure bien de ne pas manquer de se rendre à l'invitation du mari.

MOLLY.

Ah! Mylord, Dieu vous bénira. Ma bonne maîtresse! Ah! que je suis contente. Adieu, Mylord.

( Elle sort. )

## SCENE VII.

ROCHESTER, BUTLER.

BUTLER, *plusieurs papiers à la main.*

Son Excellence n'a plus qu'à signer.

ROCHESTER.

Donne. Je ne vois pas la lettre que je t'avais demandée pour Clarendon.

BUTLER.

Je ne l'ai point écrite.

ROCHESTER, *d'un air sévère.*

Mais si je l'ordonnais?

BUTLER.

Je ne l'écrirais pas davantage. Jamais je ne deviendrai le complice d'une injustice.

ROCHESTER, *reprenant sa gaîté.*

Toujours collet monté. Tu veux donc que je sois brouillé à mort avec ma Calliope italienne?

BUTLER.

Le grand mal, de rompre avec un petit filet de voix, quelquefois faux, et qui vous coûte plus de deux mille guinées par an, comme si les pirouettes de vos Therpsicores ne vous ruinaient pas assez vîte.

ROCHESTER.

Elles sont si légères, mes Therpsicores... peut-être même trop. Mais je raffole des arts, et j'aime à les encourager. Et toi, quel intérêt si grand te porte à défendre l'homme qui occupe l'emploi dont j'ai absolument besoin?

BUTLER.

Je ne le connais pas; je sais qu'il remplit dignement sa place; qu'il n'a qu'elle pour soutenir une nombreuse famille.

ROCHESTER.

Eh bien! on verra plus tard à lui en procurer une autre, tu m'y feras penser. Mais il faut caser le cousin de ma cantatrice, elle m'en a prié avec trop de grâces.

BUTLER.

Et les enfans de ce malheureux vous demandent du pain à genoux.

ROCHESTER.

Mon cher Butler, j'en suis fâché, mais il me faut une place pour mon protégé.

BUTLER.

Donnez-lui donc la mienne, car, à compter de ce moment, elle est vacante; je ne saurais plus long-temps rester témoin d'actions aussi révoltantes.

ROCHESTER.

Non, parbleu, tu ne me quitteras pas, tu m'es trop utile. Un homme d'esprit et un travailleur, c'est un trésor pour un grand seigneur qui, par goût, aime à ne rien faire; et s'il faut absolument rompre avec quelqu'un, eh bien! je te sacrifie ma cantatrice, ça me coûte; mais, comme tu me le disais: j'aurai encore assez de mes Therpsicores. Es-tu content?

BUTLER.

Vous ne faites qu'un acte de justice.

ROCHESTER.

J'en étais sûr... Je suis trop heureux, lorsqu'il ne me blâme pas.

## SCÈNE VIII.

LES MÊMES, JACK.

JACK, *bas, à Rochester.*

Milord... Cryford et d'autres créanciers sont là... fort mal disposés; ils font tapage.

ROCHESTER.

Faites entrer ces tapageurs; je me charge de les appaiser.

(Jack sort.)

BUTLER.

Votre Seigneurie n'a rien de plus à me commander?

ROCHESTER.

Non... J'attends le travail que je vous ai demandé, pour le porter à Sa Majesté.

BUTLER.

Je vais m'en occuper... Je vous le soumettrai aussitôt qu'il sera terminé.

(Il rentre dans le cabinet.)

## SCÈNE IX.

ROCHESTER, JACK, CRYFORD, PLUSIEURS CRÉANCIERS.

ROCHESTER.

Ah! Messieurs, que je suis ravi de vous voir.

CRYFORD.

Milord...

ROCHESTER.

Que je m'en veux de vous avoir fait attendre.

CRYFORD.

Milord, il n'y a pas de mal.

ROCHESTER.

Des gens que j'estime, et que j'aime faire antichambre chez moi.

CRYFORD.

C'est passé, n'en parlons plus. Milord, vous saurez...

ROCHESTER.

Je vous admire, honnête Cryford; vous avez toujours le teint frais et vermeil.

CRYFORD.

Je me porte assez bien.

ROCHESTER, *à un autre.*

Et ce bon M. John Bull, ne perd pas son embonpoint. (*Quand John Bull va pour répondre.*) Et vous, M. Tapfort... boxons nous toujours?... Votre œil va mieux... Quand vous voudrez recommencer, je parie cent guinées à votre intention. C'est comme pour votre petite jument, M. Horse... la plus jolie bête...

CRYFORD.

Nous venons, Milord....

ROCHESTER.

Vous me permettrez de vous faire des reproches... Vous me négligez... ce n'est pas bien.

CRYFORD.

Vous avez été absent.

ROCHESTER.

Mauvaise raison! et je ne vous pardonnerai, que si vous consentez à déjeûner avec moi.

CRYFORD.

Milord, c'est trop d'honneur; mais c'est déjà fait.

ROCHESTER.

Façons inutiles... A table, ou je me fâche. Jack, du thé. Comment? vous ne pouviez pas venir me trouver à Windsor?... Je me serai fait un vrai plaisir de vous montrer le château, de vous promener dans le parc.

CRYFORD.

Nous vous disions, Milord....

ROCHESTER.

Jack, le thé.

( On apporte une table servie, tout le monde s'y place. )

CRYFORD.

Ce n'est pas du thé que nous voulons....

ROCESTER.

Vous préférez du café, peut-être... tu monteras aussi quelques bouteilles de Champagne... Vous m'en donnerez votre avis, Messieurs, il sort de la cave de Sa Majesté.

CRYFORD.

Vous êtes trop bon ; nous venions donc, Milord, pour vous parler de nos petits...

ROCHESTER.

Williams, ayez-donc soin de M. Cryford, vous le laissez manquer de tout.

CRYFORD.

J'ai ce qu'il me faut. Nous voulions vous demander, Milord, si vous étiez en argent?...

ROCHESTER.

En argent? oui, sans doute, le serviee complet... C'est un cadeau de la duchesse de Northumberland... Que dites vous de ce travail ?

CRYFORD.

Il est superbe, Milord, mais...

## SCÈNE X.

LES MÊMES, JACK.

JACK, *bas à Rochester.*

Le capitaine Cowlay est là avec son monde, il n'attend plus que le signal.

ROCHESTER, *bas.*

Eh bien! quand ils entendront sauter le bouchon, qu'ils entrent.

JACK.

C'est convenu.

( Il sort. )

ROCHESTER.

J'ai encore bien d'autres reproches à vous faire, Messieurs. Comment, parce que vous m'avez obligé de quelques petites sommes, vous semblez craindre de m'en parler? c'est mal me connaître.

CRYFORD.

Mais, Milord, c'est justement pour ça que nous venons.

ROCHESTER.

Et que ne le disiez-vous. Je ne veux pas que vous sortiez d'ici que nos comptes ne soient soldés, et c'est à l'instant même qu'ils vont l'être ; aussitôt que nous aurons vuidé cette bouteille de Champagne. A votre santé, Messieurs !

( Il fait sauter le bouchon. )

## SCÈNE XI.

LES MÊMES, COWLAY, ET PLUSIEURS AUTRES RECRUTEURS, QUI PARAISSENT A LA PORTE.

CRYFORD.

Ah! mon dieu, qu'est-ce que c'est que ça?

ROCHESTER.

C'est mon intendant que je vous présente, si vous voulez avoir la complaisance de le suivre, il est chargé de tous vos comptes. Comment les trouvez-vous Cowlay?

COWLAY.

Pas beaux... mais il y a la quantité, et je me sauverai là-dessus.

ROCHESTER.

Messieurs, mes fonds ne sont pas chez moi... et mon intendant va vous conduire.

CRYFORD.

Où cela, Milord?

ROCHESTER.

Peut-être un peu loin; mais il se charge de vous payer les frais de voyage... Vous n'allez que dans l'Inde.

CRYFORD.

Dans l'Inde?.. c'est un guet-à-pens.

ROCHESTER.

Non. Un petit voyage de dix-huit mois seulement, qui me mettra à même de faire quelques économies, pour vous donner ensuite un léger à compte. Allons, Cowlay, donnez la main à ces Messieurs.

CRYFORD.

Jamais! je proteste... Au secours!..

TOUS.

Au secours!

COWLAY.

Ne faites donc pas tant de façons, nous en avons fait marcher de plus méchans.

CRYFORD.

Par pitié!

ROCHESTER.

Je vous demande bien pardon si je ne vous reconduis pas.

CRYFORD.

Milord, je vous donne quittance.

ROCHESRER.

Pour qui me prenez-vous, s'il vous plaît?.. Au revoir, Messieurs; bon voyage... Et nous, Jack, volons où nous appellent le plaisir et l'amour!...

JACK.

Jolie manière de payer ses dettes!

( Cowlay emmène de force Cryford et les autres créanciers. Rochester et Jack rentrent dans le cabinet en riant à gorge déployée. )

*CHANGEMENT A VUE.*

*Un Salon éclairé donnant sur un Jardin.*

## SCÈNE XII.

WILKINS, *seul, vivement agité.*

Je ne puis tenir en place, une fièvre ardente me brûle!... Cette lettre, à qui est-elle adressée?.. je veux et je crains de l'apprendre... Ah! c'est trop souffrir... à quelque prix que ce soit, il faut sortir de cette incertitude, elle me tue!...

## SCENE XIII.

WILKINS, MISTRISS WILKINS.

MISTRISS WILKINS.

Mon ami, comme vous nous avez quittés subitement; je vous cherchais, inquiète moi-même...

WILKINS.

Inquiète, vous?

MISTRISS WICKINS.

De quel ton vous me parlez...

WILKINS.

Moi?...

MISTRISS WILKINS.

Qu'avez-vous?

WILKINS.

Rien.

MISTRISS WILKINS.

Pourquoi me le cacher?... l'agitation est peinte dans vos traits... Vous souffrez !

WILKINS.

Non. dites-moi, Jenny, vous trouvez-vous bien heureuse maintenant?...

MISTRISS WILKINS, *l'examinant.*

Oh! oui. Puisque je vous dois de revoir une sœur chérie... Mais c'est vous seul qui m'occuppez en ce moment... il me semble... Auriez-vous reçu quelques nouvelles fâcheuses?

WILKINS.

Vous savez si jamais je vous ai rien caehé de ce qui me concernait... j'avais en vous une confiance entière... n'est-il pas vrai, Jenny?

MISTRISS WILKINS.

Ah! grand dieu! comme vous me regardez... mon ami!...

WILKINS, *la repoussant.*

Eloignez-vous puisque mon regard vous fait trembler.

## SCÈNE XIV.

LES MÊMES, MOLLY.

MOLLY.

Monsieur, il y a là quelqu'un qui vous demande.

WILKINS.

Je ne puis maintenant...

MOLLY.

Mais, Monsieur, c'est miss Clarisse.

WILRINS.

Clarisse! je vais la recevoir. ( *à part.* ) Je l'attendais avec impatience. ( *à sa femme qui veut le suivre.* ) Restez, Madame.

MISTRISS WILKINS.

Mon ami!...

WILKINS, *avec un sourire sardonique.*

Votre ami!

( Il sort brusquement. )

## SCENE XV.

MISTRISSS WILKINS, MOLLY.

MOLLY.

Enfin, ma bonne maîtresse, vous êtes seule, et je puis vous rendre compte de ce que j'ai fait.

MISTRISS WILKINS.

Il me fait frissonner!

MOLLY.

Vous ne m'écoutez pas?

MISTRISS WILKINS.

Je le prévois... tous mes maux ne sont pas encore à leur comble.

MOLLY.

On va venir, et je ne pourrai plus vous parler.

MISTRISS WILKINS.

Que me veux-tu donc?

MOLLY.

Ainsi que nous en étions convenues, je l'ai vu.

MISTRISS WILKINS.

Qui?

MOLLY.

M. le Duc de...

MISTRISS WILKINS.

N'achève pas, son nom suffirait pour me perdre.

MOLLY.

Vous pouvez être tranquille maintenant, puisqu'il m'a bien promis qu'il ne reviendrait plus.

MISTRISS WILKINS.

Silence!... voilà M. Wilkins.

## SCÈNE XVI.

LES MÊMES, CLARISSÉ, *suivie d'une femme-de-chambre qui porte des cartons*, WILKINS, *lui donnant la main.*

CLARISSE, *à sa sœur.*

Tu vois que j'ai fait diligence.

MISTRISS WILKINS.

Je t'en remercie.

WILKINS, *prenant à part Clarisse, après avoir dit à sa femme*.

Pardon, Madame. ( *bas à sa sœur.* ) Surtout, pas un mot à personne... C'est une surprise.

CLARISSE.

Avec quel air d'étonnement elle nous regarde, parce que nous causons bas... Oh! je ne me laisserai pas attendrir par tes regards supplians, tu ne peux être maintenant dans la confidence... (*en riant.*) Nous conspirons... (*tout bas.*) pour tes plaisirs...

WILKINS.

Voulez-vous voir si rien ne manque dans la salle de jeu?.. (*quand mistriss Wilkins est sortie, Wilkins prend Clarisse par la main.*) Maintenant convenons...

CLARISSE.

Savez-vous que vous m'embarrassez beaucoup en me demandant une scène à l'impromptu; si j'avais connu votre intention, je me serais préparée...

WILKINS.

Vous serez toujours très-bien.

CLARISSE.

C'est de la galanterie... Je ne vous refuse pas cependant... Voyons, qu'elle scène choisissez-vous? je mets tout mon répertoire à votre disposition. Voulez-vous de notre immortel Shakspeare?

WILKINS.

Je connais peu nos auteurs dramatiques, mais ce que je voudrais revoir... c'est... le nom m'échappe, mais le sujet est présent à ma mémoire : c'est une femme, belle, adorée de son époux... qui avait placé en elle le bonheur de toute sa vie... qui ne voulait augmenter sa fortune que pour ajouter au bien-être de sa compagne chérie... qui lui accordait une confiance aveugle... et qui ne trouve en échange que perfidie et trahison... Montrez-nous l'épouse dégradée, avilie... qui foule aux pieds la tendresse... l'estime publique... montrez-nous-la poursuivie à son tour par la honte et l'infamie.

CLARISSE.

Mais c'est la tragédie de *Jane Shore* que vous me demandez.

WILKINS.

Ah! c'est *Jane Shore!* oui.

CLARISSE.

J'aime beaucoup ce rôle, je l'avoue. C'est à lui que j'ai dû le bonheur de mes premiers pas dans la carrière dramatique. La scène du cinquième acte surtout porte dans l'âme une terreur involontaire.

WILKINS.

C'est bien cela... oui... nous nous en tiendrons à cette scène...

CLARISSE.

Oui... mais... j'aurai besoin de beaucoup d'indulgence... et j'y regarderais à deux fois, si nous n'étions pas entre amis, en famille... C'est qu'en vérité, lorsqu'on arrive à froid dans un salon, sans interlocuteurs pour monter la scène, il est très-difficile de produire quelque effet.

WILKINS.

Vous en produirez un très-grand, je vous l'assure.

CLARISSE.

Au reste, je me sacrifie. (*à mistriss Wilkins, qui est sur le seuil de la porte à gauche, et n'ose avancer.*) Oh! tu peux entrer... nous avons terminé la conférence. (*à Wilkins*) Encore un mot cependant : vous allez me désigner un endroit, pour que ma femme-de-chambre, que je vais avertir, y apporte sans être vue tout ce qui m'est nécessaire.

WILKINS.

Je vais moi-même vous conduire.

MISTRISS WILKINS, *à son mari.*

Tout est prêt dans la salle de jeu, avez-vous quelque autre chose à m'ordonner?

WILKINS.

Non. (*à Clarisse.*) Venez.

( Il l'entraîne après avoir regardé sa femme d'un air sombre, tandis que Clarisse lui fait des signes d'amitié.

## SCENE XVII.

MISTRISS WILKINS, MOLLY, *à gauche.*

MOLLY.

Je puis approcher?..

MISTRISS WILKINS.

Ah! Molly, je suis perdue! tu n'as pas vu les regards terribles qu'il vient de jeter sur moi.

MOLLY.

Vous vous trompez. Ce sont vos craintes continuelles qui

finiront par vous trahir ; et c'est lorsque vous devriez être plus rassurée, puisqu'il ne doit plus se présenter à vos yeux.

MISTRISS WILKINS.

Tu en es sûre ?.. il t'a bien promis...

MOLLY.

De ne plus venir ici, oui... de ne plus vous tourmenter de sa présence. Il a bien fait quelques façons, mais je l'ai supplié avec tant d'instances, qu'il a bien fallu qu'il se rendît; et vous pouvez compter que vous ne le verrez plus.

MISTRISS WILKINS.

Je ne le verrai plus ?

MOLLY.

Non. Et cette assurance doit vous rendre plus heureuse. Ainsi je puis vous laisser pour me rendre auprès de votre sœur, qui, dans ce moment, doit avoir besoin de mes services... Je vous le répète, vous ne devez plus avoir la moindre inquiétude.

(Molly sort.)

## SCENE XVIII.

MISTRISS WILKINS, *seule.*

Oui, je respire plus librement. (*à elle-même.*) Je ne le verrai plus !.. mon cœur se gonfle... mes yeux..... Ah ! je me fais honte à moi-même...

## SCÈNE XIX.

MISTRISS WILKINS, ROCHESTER, JACK.

ROCHESTER, *bas à Jack.*

Tiens-toi prêt à exécuter mes ordres.

MISTRISS WILKINS.

Qu'entends-je !.. c'est lui !.. fuyons !.. (*tombant sur le siége.* Je n'en ai plus la force !..

(Jack sort.)

## SCÈNE XX.

LES MÊMES, *hors* JACK.

MISTRISS WILKINS.

Je suis surprise, Monsieur, que d'après ma défense et la promesse que vous aviez faite à Molly...

ROCHESTER.

Je vous avais promis que Rochester ne viendrait plus chez mistriss Wilkins, il est vrai... mais Campbell n'a pu refuser l'invitation que lui faisait votre mari.

MISTRISS WILKINS.

Lui ?

ROCHESTER.

Voilà sa lettre.

MISTRISS WILKINS.

Enfin, Monsieur, me direz-vous ce que vous espérez au moyen d'un tel subterfuge ?

ROCHESTER.

Pouvez-vous me le demander... me bannir à jamais de votre présence sans me permettre de me justifier.... sans vouloir m'entendre...

MISTRISS WILKINS.

Je vous ai fait connaître mes intentions... elles sont irrévocables, et jamais...

ROCHESTER.

Jenny, n'achevez pas, ou vous me pousseriez au plus violent désespoir!.. C'est à tes pieds...

MISTRISS WILKINS.

Que faites-vous! Vous voulez donc me perdre entièrement! Monsieur, éloignez-vous par pitié!

ROCHESTER.

A quelque prix que ce soit, il faut m'entendre.

MISTRISS WILKINS.

Vous entendre! Que voulez-vous me rappeler?... combien je suis coupable!...

ROCHESTER.

Ah! Jenny!

MISTRISS WILKINS.

Vous seul pouvez savoir s'il m'était possible d'échapper au

piége affreux que vous m'avez tendu... Mon seul crime, c'est donc d'avoir pu croire à la sensibilité de votre âme, à votre générosité?... je l'ai payé bien cher... je vous ai peint mes tourmens... mes remords... les inquiétudes qui m'assiégent sans cesse... Je vous avais prié de ne pas prolonger davantage le supplice auquel me condamnait votre vue... Votre longue absence devait me faire croire que vous aviez eu pitié de moi... que j'étais oubliée...

ROCHESTER.

Oubliée! vous, Jenny?... vous, le charme de mon exil; toujours présente à mon cœur, le plus cher de mes souvenirs... Oubliée!... ah! sans la crainte de troubler votre repos par quelque démarche hasardée, malgré mon éloignement, aurais-je passé six mortels mois sans me rappeler à la mémoire de votre personne adorée!...

MISTRISS WILKINS.

Eh bien! si réellement vous avez ressenti pour moi une partie de cet amour que vous savez si bien feindre, donnez-m'en la preuve... Cédez à la prière d'une malheureuse femme qui tend vers vous ses mains suppliantes!... Je ne sais si mon trouble m'abuse, ou si quelque parole imprudente échappée à mes remords aurait éveillé les soupçons de Wilkins... mais lui, toujours si bon, si prévenant pour moi, si plein de cette douce bienveillance qui me rendait plus odieuse à moi-même... mon mari, depuis quelques heures, depuis votre retour, peut-être, il n'est plus reconnaissable... agité, brusque, les regards presque farouches que par fois il arrête sur moi... mon mari m'épouvante!... il me semble qu'il a lu dans mon cœur... qu'il a pénétré le secret affreux!... Je vous en conjure; que vos poursuites n'ajoutent point à mes maux... abandonnez pour toujours l'infortunée Jenny... A ce prix, elle vous pardonne..... elle promet de ne point vous haïr... mais, si vous êtes sourd à ses prières, si vous persistez à vouloir l'entraîner de nouveau à l'oubli de ses devoirs, elle mourra plutôt que de les enfreindre encore.

ROCHESTER.

Ingrate!... voulez-vous donc déchirer mon âme par cette affreuse idée?... moi, cause de votre mort!... Ah! plutôt mille fois mourir moi-même... mais renoncer à vous voir!...

MISTRISS WILKINS.

Il le faut, un malheureux hasard... votre réputation et ce déguisement suffiraient...

ROCHESTER.

Oui, je le sais; j'ai mérité long-temps l'affreuse réputation pour toujours attachée après moi... mais vous ne vous étiez pas encore offerte à ma vue... L'amour, jusque-là, n'avait jamais fait battre mon cœur, depuis le jour que j'ai pu apprécier ce que le ciel a formé de plus parfait; je le prends à témoin, la vertu, que je n'appelais qu'un vain nom, s'est parée devant moi de tous vos charmes, et j'ai dès-lors appris à la chérir.

MISTRISS WILKINS, *regardant de tous côtés.*

On peut venir... je suis au supplice!

ROCHESTER.

Jenny, mon bonheur, ma vie, sont désormais attachés à votre existence; rendez-moi au repos, à la vertu... ( *avec entraînement.* ) toi et elle seule doivent à jamais régner sur mon cœur... Jenny, n'abandonnez pas un malheureux qui vous implore!

MISTRISS WILKINS.

Eh bien! parlez vite... que puis-je pour vous?

ROCHESTER.

L'assurance que je ne suis point haï, que j'aurais pu mériter, à force de soins et de tendresse, et si vous aviez été libre, cet amour...

MISTRISS WILKINS.

Insensé, que demandez-vous?... Moi, vous aimer! le puis-je?.... Non, je ne le dois pas..... non, jamais.... jamais!.....

ROCHESTER, *cherchant à la presser sur son cœur.*

Jenny!...

JACK, *traversant le jardin en courant.*

Voilà sir Wilkins.

MISTRISS WILKINS.

Grand dieu! voilà mon mari!... éloignez-vous!

## SCÈNE XXI.

LES MÊMES, WILKINS.

WILKINS, *entrant et remarquant l'embarras de Rochester et les yeux de sa femme pleins de larmes.*

Je m'attendais à vous trouver ici, Campbell... Eh bien, Madame, qu'avez-vous?

MISTRISS WILKINS, *cherchant à se remettre.*

Depuis ce matin, je souffrais... mais je me sens mieux... beaucoup mieux... depuis que vous êtes près de moi.

ROCHESTER.

Mais comme vous voilà l'air tout soucieux, Wilkins ; ce n'a été sans doute qu'une indisposition légère... rien d'alarmant.

WILKINS.

Je le sais.

ROCHESTER.

Il y a bien long-temps que nous ne nous sommes vus. J'ai été obligé de suivre le Duc dans son exil, et ensuite à Windsor, depuis son rappel à la cour, et sa rentrée en faveur.

WILKINS.

Oui, je le sais encore quoique vous ne m'ayez pas donné personnellement de vos nouvelles.

ROCHESTER.

C'est la continuité de nos occupations... Ce n'est pas sans quelque peine que nous avons pu reconquérir les bonnes grâces de notre grâcieux souverain.

WILKINS.

La nouvelle s'en est promptement répandue dans la ville... Votre duc de Rochester est un personnage si recommandable!.....

ROCHESTER.

De quel ton vous en parlez, Wilkins... Vous mettriez-vous par hasard, du nombre de ceux qui le calomnient?

WILKINS.

Peut-on calomnier l'homme le plus dépravé des Trois-Royaumes, qui n'a d'autre mérite que de s'enivrer, de courir les femmes, et se boxer avec des porte-faix?

ROCHESTER.

Le portrait que vous en faites...

WILKINS.

Est peut-être encore flatté.

ROCHESTER.

On s'accorde pourtant à lui reconnaître quelques bonnes qualités, des talens... de l'esprit...

WILKINS.

Pour faire le mal, comme le Satan de notre Milton.

ROCHESTER.

Il est poète.

WILKIXS.

Oui, mais comme Walpole l'a dit : les Muses qui aiment à l'inspirer rougissent de l'avouer.

ROCHESTER.

Enfin ses chansons...

WILKINS.

Courent les tavernes, dont elles n'auraient jamais dû sortir. Vous le défendez, cela peut paraître naturel, puisque vous êtes attaché à sa personne; mais si vous ne marchez pas sur ses traces, il est impossible que vous pensiez le moindre bien de lui... et vous donneriez une très-mauvaise opinion de vous, si vous persistiez à tenir le même langage. Partout où l'on parle de cet insolent libertin, il se peint, sur tous les traits, un effroi. un dégoût... qui en disent plus que toutes les expressions réunies... Tenez, regardez plutôt Madame.

MISTRISS WILKINS.

Quel supplice!

ROCHESTER.

Ah ça, mon cher ami, vous ne m'avez pas appelé en ces lieux pour me faire des phrases touchant Son Excellence; livrons-nous donc entièrement à la fête que vous m'annoncez, et laissons de côté monsieur le duc de Rochester et ses brillantes conquêtes.

WILKINS.

Ses brillantes conquêtes! On devrait être honteux de donner ce nom à cet art perfide qui consiste à tromper des jeunes filles sans expérience, à profiter de la confiance, de l'amitié d'un époux pour lui ravir son bien le plus cher!

ROCHESTER.

Assez, assez, mon cher Wilkins; nous tombons dans la morale, de façon à ne pouvoir plus en sortir.

MISTRISS WILKINS.

Écoutez-le, Monsieur; (*elle passe au milieu.*) puisse M. de Rochester l'entendre à son tour. Mon mari ne vous a pas tracé le tableau des peines que la séduction entraîne après elle.

WILKINS, *à part.*

Qu'ose-t-elle dire?...

MISTRISS WILKINS.

Si le cœur de M. de Rochester est fermé à tout sentiment humain, que ne peut-il lire tout ce qui se passe dans celui qu'il a pu entraîner dans l'abîme. Après s'être vouée aux remords... à la honte, c'est en vain que l'épouse criminelle aurait dérobé son crime aux regards des hommes, elle n'échappe pas aux cris de sa conscience... elle traîne sa vie entière dans les larmes et le désespoir... elle appelle la mort à son aide, car la mort seule peut finir ses tourmens.

ROCHESTER, *bas.*

Jenny, que faites-vous?

WILKINS, *à part.*

La mort!... ah! puisse ma dernière épreuve ne pas confirmer ce que toute ma raison a peine à repousser maintenant.

## SCÈNE XXII.

LES MÊMES, LES PERSONNES INVITÉES A LA FÊTE, *puis, après le balet*, CLARISSE.

(Pendant que Wilkins va les recevoir, Jack s'approche de Rochester.)

ROCHESTER, *faisant signe.*

Jack.

JACK.

Monseigneur?

ROCHESTER.

Silence donc, butor. Arrange-toi comme tu voudras, mais il faut que mistriss Wilkins soit tantôt à ma maison du faubourg.

JACK.

C'est que je ne suis guère en force. D'après vos ordres, j'avais envoyé Williams et plusieurs de vos gens à la porte de Dury-Lane, pour guetter miss Clarisse.

ROCHESTER.

Il faut à tout prix te rendre maître de mistriss Wilkins.

JACK.

Je vais y réfléchir. (*à part.*) Si en occasionnant un peu de trouble... c'est cela même. (*à Rochester.*) Vous serez obéi.

(Il sort.)

WILKINS.

Eh bien, Madame, vous ne faites pas les honneurs de chez vous? Asseyez-vous, Campbell.

*BALLET.*

(Après le Ballet, Wilkins se lève.)

WILKINS.

Suspendez un moment vos danses; Clarisse veut bien ajouter, par son talent, aux plaisirs de cette journée.

ROCHESDER, *à part.*

Clarisse ici! et je n'en savais rien.

WILKINS.

Elle m'a promis une scène dont vous allez juger l'effet.

( On se forme en cercle.)

CLARISSE, *dans la coulisse.*

Honte!... mort à l'adultère!... ( *entrant en scène.* ) Les entendez-vous!... ils me maudissent... ils m'accablent!... mon infamie se lit donc sur mon front... je ne puis plus faire un pas, sans les entendre crier : Honte! mort à l'adultère !... oui, la mort, ce n'est que dans son sein que je puis trouver le repos que le monde me refuse... Je n'en puis plus... mes forces m'abandonnent!.. ma tête s'égare!.. des ombres semblent voltiger devant moi... je reconnais... oui... le voilà, celui qui m'a poussée, entraînée dans le crime... il semble rire de mes souffrances... Que vois-je à ses côtés?... une femme!... Prends garde... tu crois peut-être que son nom, que ses titres te mettront à l'abri de la vengeance d'un époux... désabuse-toi... plus il est élevé, et plus il te rendra méprisable!

WILKINS, *à part, en regardant sa femme.*

Elle pâlit!

MISTRISS WILKINS.

Quelle souffrance!

CLARISSE.

Il s'éloigne... avec elle... et moi!.. Qui prend ma main?... tout mon corps tressaille!... mon époux!... où fuir? où me cacher?... Dieu, comme son regard est terrible!... viens-tu venger ton offense? ( *elle tombe à genoux.* ) Grâce! grâce!... c'est en vain que je m'attache à ses pas!... il me repousse.., il vient de dicter mon arrêt : l'épouse criminelle doit mourir!

MISTRISS WILKINS, *à part.*

Les forces m'abandonnent.

WILKINS, *à part.*

Ses yeux se ferment!

ROCHESTER, *bas à mistriss Wilkins.*

Du courage!

CLARISSE.

Eh bien!... me voilà prête... frappe!... mais que les reproches ne sortent que de ta bouche... épargne-moi leurs cris... tu les entends... mort! mort à l'adultère... oui, j'ai mérite mon sort... Dieu de bonté... aie pitié de moi... éloigne-les... mort!... mort à l'adultère.

( Elle tombe entièrement.)

MISTRISS WILKINS.

Ah! c'en est trop, j'expire!

ROCHESTER.

Elle se trouve mal. (*à part.*) Et Jack qui ne vient pas.

WILKINS.

Laissez, laissez, ce n'est rien... (*à part.*) Tous mes doutes sont éclaircis. (*on entoure mistriss Wilkins. Les cris :* au feu! *se font entendre.*) Qu'est-ce que j'entends!

(Les cris au feu deviennent plus nombreux. On voit les flammes qui gagnent le salon.)

TOUS.

Au feu! au feu!

MOLLY.

Au secours! au secours!

## SCÈNE XXIII.

LES MÊMES, JACK.

JACK.

Il n'y a pas de temps à perdre, profitons du moment.

ROCHESTER.

Est-ce à toi que nous devons ce tapage?

JACK.

Oui, Milord... mais dépêchons.

ROCHESTER, *voyant Jack emporter mistriss Wilkins.*

Elle est à moi!

(On jette de l'eau. Tout le monde est en mouvement.)

FIN DU DEUXIÈME ACTE.

# ACTE III.

*Le Théâtre représente un Boudoir de la maison de campagne de Rochester. A droite et à gauche, un cabinet; au fond, une fenêtre; à droite, un canapé derrière lequel se trouve un paravent.*

## SCENE PREMIÈRE.

JACK, DEUX VALETS, MISTRISS WILKINS.

( Les deux valets la portent évanouie, et la déposent sur le canapé. )

JACK.

Nos beautés de la cour auraient, depuis long-temps, repris connaissance... la grande habitude de la perdre... tandis que ces petites bourgeoises, ça ne fait rien qu'en conscience... et je crois que toutes les essences du monde y perdraient leur vertu.

( Il aperçoit Rochester et fait signe aux valets de s'éloigner. )

## SCÈNE II.

JACK, MISTRISS WILKINS, ROCHESTER, *en grand costume de Duc.*

ROCHESTER.

Au moins, me voilà dans un état présentable!... Eh bien?..

JACK.

Il n'y a pas moyen de lui faire entr'ouvrir ses jolies paupières.

ROCHESTER.

Quelle est belle! que de grâces! jusque dans son évanouissement!...

JACK.

Pendant tout le trajet de la Cité... des larmes... des soupirs... ( *On entend sonner avec force en dehors.* ) Eh bien! v'là qu'on sonne, et dans un moment pareil!

ROCHESTER.

Va voir ce que c'est... mais ne laisse pénétrer personne ici.

JACK.

C'est entendu.

( Il sort. )

## SCÈNE III.

ROCHESTER, Mistriss WILKINS.

ROCHESTER.

Nous ne pouvons cependant pas rester ainsi... ( *Il lui prend la main, qu'il feint de presser avec passion.* ) Jenny, chère Jenny, revenez à vous... C'est comme lorsque je prends la parole à la Chambre... Femme adorée!...

( Au moment où il va pour embrasser Mistriss Wilkins, elle revient à elle. )

MISTRISS WILKINS, *le repoussant.*

Mort, mort à l'adultère... C'est ici... je reconnais ces lieux... honte éternelle!... Qui donc m'y a conduite?... Le voilà!... c'est lui!...

ROCHESTER.

Jenny, daigez m'entendre.

MISTRISS WILKINS.

Cruel ennemi de mon repos, que t'ai-je donc fait pour me poursuivre sans cesse? Parle, veux-tu ma vie? Prends-la! mais n'ajoute plus à l'opprobe dont tu m'as couverte!

ROCHESTER.

Je n'ai voulu que vous soustraire au danger qui vous menaçait dans votre propre maison.

MISTRISS WILKINS.

Ah! je dois en redouter un mille fois plus grand encore en restant ici! Laissez-moi, ou mes cris vont attier en ces lieux...

ROCHESTER.

Et votre réputation!... y songez-vous?

MISTRISS WILKINS.

Non, s'il faut me rendre coupable pour conserver les apparences de la vertu, qui seuls me restent.

ROCHESTER.

Vous avez oublié que cette maison est isolée, et que les gens qui l'habitent ne reçoivent d'ordres que de moi seul.

MISTRISS WILKINS.

Hélas!...

ROCHESTER.

Revenez à des sentimens plus doux, et ne réduisez pas au plus violent désespoir l'homme qui voudrait pouvoir vous consacrer toute son existence!

MISTRISS WILKINS.

Je ne vous écoute pas que je ne sois hors de ces lieux, que je ne saurais revoir sans horreur! Par pitié, Monsieur, laissez-moi fuir, si vous ne voulez me voir expirer à l'instant!

ROCHESTER, *se jetant à genoux.*

Et moi, Jenny, j'embrasse vos genoux!.. Vos reproches me percent le cœur!... Je ne connais que trop mon crime!... Mais cet amour qui me consume étouffait mes remords, égarait ma raison. Il fallait être plus qu'un homme pour ne pas succomber. Eh bien! j'implore mon pardon!... Que tes regards moins sévères s'arrêtent sur moi! que j'y lise seulement que tu ne peux me maudire!

MISTRISS WILKINS.

Eh bien! oui, je promets de ne point vous haïr, mais que je puisse m'éloigner!

ROCHESTER.

Et vous penserez quelquefois au malheureux Rochester?...

MISTRISS WILKINS.

Oui... mais ma liberté!

ROCHESTER.

Rendez-moi donc celle que vous m'avez ravie.

MISTRISS WILKINS, *cherchant à se dégager et voulant fuir.*

Partons!...

ROCHESTER, *avec le plus grand abandon, et la pressant dans ses bras.*

Ah! Jenny, je ne puis me séparer de vous pour toujours.

## SCÈNE IV.

LES MÊMES, JACK.

MISTRISS WILKINS.

Oh ciel! on nous a vus!

ROCHESTER, *toujours à genoux.*

Il est de la maison... ( *à part.* ) Voyons, imbécille, que me veux-tu?... Est-ce que tu ne savais pas?...

JACK, *bas.*

Mais, Monseigneur, c'est Williams qui sonnait si fort... il vient d'arriver avec miss Clarisse, que, suivant vos ordres...

ROCHESTER, *bas.*

Miss Clarisse?... diable!... Eh bien! prie-la d'attendre...

JACK, *bas.*

Attendre!... un vrai démon, qui menace d'arracher les yeux à quiconque voudrait l'approcher.

ROCHESTER, *bas.*

Comment, de la tragédie... Eh bien! je lui donnerai sa réplique... Pars, je vais te suivre.

( Jack sort. )

## SCÈNE V.

ROCHESTER, MISTRISS WILKINS.

ROCHESTER, *à part.*

Clarisse en mon pouvoir, voilà qui change mes projets. (*S'exaltant de nouveau.*) Eh bien! femme adorée, tu l'emportes! qui pourrait résister à tes prières... à tes larmes... je saurai sacrifier mon repos au tien... je renonce à tout bonheur qui empoisonnerait ton existence... je te rends à toi-même, à ton époux... reprends cette paix, cette vie innocente que je t'avais ravie... je saurai souffrir seul... mais du moins tu ne me haïras pas...

MITRISS WILKINS.

Il se pourrait!... Vous ne me trompez point?

ROCHESTER.

Je vous ai donné le droit, je le sais, de douter de mes sermens... Vous jugerez bientôt de leur sincérité... Entrez dans cette pièce; elle vous conduira dans un appartement éloigné, où un homme de confiance ne tardera pas à venir vous prendre pour vous rendre aux embrassemens de votre famille... Adieu... Oh! si vous saviez ce qu'il m'en coûte pour me séparer ainsi de tout ce que j'aime le plus au monde... Adieu... ( *il porte son mouchoir à ses yeux. A part.* ) Courons vers Clarisse.

(Il sort.)

## SCÈNE VI.

MISTRISS. WILKINS, *seule.*

O, mon dieu! je te remercie... Achève ton ouvrage... Laisse-moi vivre assez de temps pour réparer mes fautes par mon repentir!

CLARISSE, *dans la coulisse.*

Éloignez-vous, Milord!

MISTRISS WILKINS.

Quelle voix!... ( *elle regarde.* ) Ciel! ma sœur!... Où me cacher?... là...

( Elle se met derrière le paravant. )

## SCÈNE VII.

ROCHESTER, CLARISSE, MISTRISS WILKINS, *cachée.*

ROCHESTER.

Appaisons- nous, ma toute belle, je vous en prie.

CLARISSE, *cherchant autour d'ellle, et voyant l'épée de Rochester sur la table.*

Vous voyez ce fer, Milord, il frapperait quiconque tenterait envers moi le plus léger outrage.

ROCHESTER.

Elle est vraiment adorable... On dirait Melpomène en personne... La pose est délicieuse.

CLARISSE.

Cessez cette plaisanterie, et dites-moi maintenant le motif de la violence qu'on exerce...

ROCHESTER.

Vous le demandez, Miss adorable?

CLARISSE.

Je ne croyais pas, Milord, avoir, par ma conduite passée, donné le droit de me traiter aussi indignement que vous le faites.

ROCHESTER.

Allons, allons, Miss, cette fierté va fort bien sur la scène; mais ici... nous ne sommes pas pour prendre des leçons de comédie.

CLARISSE.

Je vous crois, Milord; un homme de cour serait plutôt capable d'en donner.

ROCHESTER.

Pas trop mal... Vous voyez que je ne me fâche pas, moi... Faites de même.

(Il va pour s'approcher, Clarisse lui présente l'épée qu'elle tient.)

CLARISSE.

Milord!...

ROCHESTER.

Ne badinez donc pas avec cette épée... On peut se blesser... Elle n'est pas faite comme vos grands poignards, qui rentrent dans le manche.

CLARISSE.

Laissez-moi!

ROCHESTER.

Comment? sérieusement... Ah ça, je ne suis donc plus du siècle... Depuis quand rencontre-t-on tant de vertus dans les coulisses?

CLARISSE.

Depuis qu'on en trouve si peu dans vos salons, Milord.

ROCHESTER.

Ah! Miss... j'ai entendu cela quelque part... C'est un de vos rôles que vous me récitez... Mais c'est égal; l'à-propos y est... Et je ne vous adore que davantage... Oui, mon amour...

CLARISSE.

De l'amour!... je n'aurais jamais pensé qu'il s'exprimât ainsi!

ROCHESTER.

Mes lettres et mes vers auraient dû me servir d'interprètes.

CLARISSE.

Je n'en ai pas lu une seule.

ROCHESTER.

Voilà un petit air d'indifférence qui achèverait de me séduire, si vos talens et vos attraits ne l'avaient déjà fait depuis longtemps.

CLARISSE.

Ah! Milord!...

ROCHESTER.

Rien ne me coûtera pour vous en donner des preuves.

CLARISSE.

Dispensez-moi, je vous prie d'en entendre davantage.

ROCHESTER.

Eh quoi! lorsque je mets à vos pieds mes titres et ma fortune...

CLARISSE.

Vous les mettez aux pieds de toutes les femmes, et moi, jamais je n'échangerai ma propre estime contre des biens passagers et des titres plus éphémères encore.

ROCHESTER, *à part.*

Sérieusement, je joue de malheur aujourd'hui; une femme mariée, avec des remords... et une actrice avec des scrupules! Frappons les grands coups... mes phrases ordinaires, elles me réussissent toujours. (*il s'approche davantage, et lui dit du ton le plus doux.*) Ecoutez, Clarisse, je vois que vous doutez de mes promesses et de l'effet de vos charmes; et c'est vous, cependant, qui me faites connaître, pour la première fois, le véritable amour... Entraîné par le plaisir facile que m'offraient à se laisser séduire, des coquettes de tous les rangs, j'ai pu jusqu'ici me faire un jeu de ces passions d'un jour. Mais, un mot, et je vous consacre ma vie... je renonce pour vous aux beautés les plus brillantes, les plus recherchées... Voulez-vous plus encore?... Aucun sacrifice ne me coûtera... je vous offre celui d'une femme qui les surpasse toutes, dont l'éloge est dans toutes les bouches, à la ville comme à la cour... Belle comme Vénus, et qu'on croit sage comme Minerve... Parlez, et l'ornement de la Cité... l'incomparable mistriss Wilkins...

CLARISSE.

Ma sœur, misérable imposteur!

ROCHESTER.

Comment, c'était sa sœur!

(On entend un cri; Clarisse court vers le paravent, et aperçoit sa sœur qui vient de tomber évanouie.)

CLARISSE.

Jenny!...

ROCHESTER, *à part.*

Elle était là... J'ai la main terriblement malheureuse!

CLARISSE.

Vous n'êtes qu'un infâme!

ROCHESTER, *à part.*

Il faut bien être quelque chose... (*haut.*) mais daignez donc comprendre...

## SCÈNE VIII.

LES MÊMES, JACK.

JACK.

Milord !

ROCHESTER.

Que me veux-tu ?

JACK.

C'est... Ah ! mon dieu ! elles sont deux !

ROCHESTER.

Eh bien ! oui, elles sont deux, cela t'étonne peut-être... Qu'est-ce que tu me veux ?

JACK, *bas.*

C'est un page du roi... Sa Majesté vous demande sur-le-champ.

ROCHESTER, *bas.*

Dis que je vais m'y rendre.

JACK, *bas.*

Il a l'ordre de ne point retourner sans vous... C'est pour une affaire importante.

ROCHESTER, *bas.*

Une partie de Wistk, sans doute... Ce serait risquer encore une disgrâce que de refuser l'invitation, et je ne voudrais pourtant pas abandonner... J'y tiens plus que jamais... comment faire ?

JACK, *bas.*

En les enfermant...

ROCHESTER, *bas.*

C'est juste... Elles seront bien forcées d'attendre... (*haut, à Clarisse.*) Chère Clarisse, je vous recommande votre sœur. Un message du Roi... me force... Mais, je ne tarderai pas à revenir me disculper... et je tiens trop à votre estime... (*à part.*) Si le proverbe est juste, le jeu doit me dédommager... mais avant peu, je saurai prendre ma revanche ici... (*à Jack.*) Marche, coquin.

(Jack et Rochester sortent.)

## SCÈNE IX.

CLARISSE, MISTRISS WILKINS.

CLARISSE.

Chère Jenny !...

MISTRISS WILKINS.

Qui m'appelle? Ma sœur!... où me cacher?

CLARISSE.

Rassure-toi; je ne te crois pas coupable.

MISTRISS WILKINS.

Je ne le suis pas au moins de l'événement qui m'a conduite en ce lieu... On a profité de mon évanouissement et du tumulte qui régnait pendant l'incendie, pour m'entraîner dans ce séjour.

CLARISSE.

Ah! j'en étais sûre d'avance; ma sœur, vertueuse, estimée, ne pouvait manquer à ses devoirs.

MISTRISS WILKINS.

Assez... assez... ces éloges, je ne les mérite plus.

CLARISSE.

Jenny, que veux-tu dire?... Ta raison s'égare.

MISTRISS WILKINS.

Ah! plût au ciel qu'elle m'eût été ravie, et moi aussi, je pourrais alors me croire digne de l'estime et de l'amour... Mais il est trop tard... Apprends...

CLARISSE.

Je ne veux rien savoir.

MISTRISS WILKINS.

Il faut que je dévoile moi-même ma honte... Tu vas me repousser... n'importe!

CLARISSE.

Ah! jamais... jamais!... tu seras toujours ma sœur.

MISTRISS WILKINS.

Et c'est moi qu'on t'offrait pour modèle!... Ah! je t'en conjure, éloignons-nous promptement de ces murs horribles, où j'échangeai mon repos, ma vertu, contre le mépris et la douleur!...

CLARISSE.

Eh bien! oui, partons... Appuie-toi sur moi. (*elle tente vainement d'ouvrir la porte.*) Grand dieu! nous sommes enfermées!...

MISTRISS WILKINS.

Le monstre! Mon mari peut s'apercevoir de mon absence... à quelque prix que ce soit, il faut partir!

CLARISSE.

Par quel moyen?... je n'en trouve aucun, et cependant, les momens sont précieux.

MISTRISS WILKINS.

La mort!... la mort... plutôt que de rester en son pouvoir!...

CLARISSE.

Que faire ?... J'entends du bruit... si c'était lui !..

MISTRISS WILKINS, *montant sur la fenêtre, et prête à se précipiter.*

Rochester !

CLARISSE, *la retenant.*

Ma sœur ! arrête... je n'entends plus rien... mais comment sortir de ces lieux ?

MISTRISS WILKINS.

Ah ! ce cabinet... dans mon trouble, j'avais oublié... Il doit nous offrir un passage... Viens... viens !

CLARISSE.

Mon dieu, protége-nous !

*CHANGEMENT A VUE.*

*Le Théâtre change et représente l'appartement de Wilkins.*

## SCÈNE X.

MOLLY, *seule, rangeant partout.*

Ma pauvre maîtresse ! dans quel état miss Clarisse nous la ramène, pâle, défaite, et pouvant à peine se soutenir ; jolie fête !.. la maison en désordre, et tout le monde parti juste au moment où l'on devait le plus s'amuser... Les Watchmen viennent de crier dix heures, sans doute M. Wilkins ne va pas tarder à rentrer, puisqu'il n'est sorti que pour rejoindre sa femme, on lui dira qu'il va la retrouver chez lui. Enfin tout est encore mieux que je ne l'espérais ; car j'ai si bonne opinion de ce scélérat de Rochester, que j'ai été un moment jusqu'à croire qu'il avait fait mettre le feu exprès pour s'emparer de ma pauvre maîtresse... et si M. Wilkins, en partant, ne m'avait dit qu'il était sûr qu'elle était chez sa sœur, on ne m'aurait jamais ôté de l'idée que... Avec un homme de la trempe de notre libertin, on peut soupçonner tout... La voilà avec sa sœur... Je me sens plus tranquille.

## SCÈNE XI.

MOLLY, Mistriss WILKINS, CLARISSE.

(*Mistriss Wilkins est soutenue par sa sœur.*)

CLARISSE.

Allons, ma chère amie, prends un peu sur toi.

MISTRISS WILKINS.

Pourquoi me forcer de remettre les pieds dans cette maison? je ne devais plus y rentrer.

MOLLY.

Eh mon dieu! comme vous voilà pâle et défaite! Rassurez-vous, le danger n'a pas été si grand que vous pouvez croire, tout ça s'est réduit à la grande tente du jardin qui a été brûlée.

CLARISSE.

Où est M. Wilkins ?

MOLLY.

Dès que le feu a été éteint, et qu'il a vu qu'il n'y avait plus rien à craindre pour les magasins, il est sorti.

CLRISSE.

Et tu ne sais pas où il est allé?

MOLLY.

Comment vous ne l'avez pas vu? il m'a dit que vous étiez avec Mistriss, et qu'il allait la reprendre chez vous.

MISTRISS WILKINS.

Que va-t-il penser en ne me trouvant pas?.. je sens que je n'aurai plus la force de supporter sa présence.

CLARISSE.

Repose-toi sur ma prudence... tout ce que je te demande au nom de notre tranquillité, c'est d'essuyer tes larmes, de composer ton visage.

MISTRISS WILKINS.

Composer mon visage?.. Le mensonge sur les lèvres.... voilà comme je dois toujours être maintenant.

CLARISSE.

Calme toi, je t'en prie.

MISTRISS WILKINS.

Tu le veux... j'obéis... oui, je tâcherai de sourire... Molly... je ne puis me soutenir... un frisson mortel me glace... m'anéantit... Ah! c'en est fait... je ne survivrai point à ce que je viens d'éprouver.

CLARISSE.

Ma sœur !

MISTRISS WILKINS, *portant la main de sa sœur sur son cœur.*

Il est là, le trait qui me déchire... le remords qui parle plus haut que tes consolations... que j'entends encore me crier par ta voix : Mort à...

CLARISSE.

Insensée !

MOLLY.

J'entends M. Wilkins.

MISTRISS WILKINS.

Mon époux !

CLARISSE.

Silence.

MISTRISS WILKINS.

Oui, ma sœur.

## SCÈNE XII.

LES MÊMES, WILKINS.

WILKINS, *souriant d'un air sardonique.*

Ah! la voilà! Je suis bien aise de vous retrouver ensemble... (*à sa belle-sœur.*) Chez vous, Clarisse, on n'avait pu me dire où vous étiez, et je commençais à concevoir quelque inquiétude.

MISTRISS WILKINS.

Monsieur...

CLARISSE.

Ma sœur était si troublée... si faible... que nous avons été forcées de nous arrêter en route.

WILKINS, *examinant Clarisse avec amertume.*

C'est ce que j'ai pensé. (*avec le sourire de l'entrée en scène.*) Oui, cela devait être ainsi. Mais avez-vous été frappées comme moi de cette coïncidence d'événemens fâcheux... inattendus surtout... le feu qui éclate au moment où Mistriss... atteinte d'un mal subit... réclamait des soins si pressans... (*à Clarisse.*) C'est pourtant la vérité de votre jeu. (*à sa femme.*) N'est-il pas vrai?

(Mistriss Wilkins, plus agitée, cherche à lire dans les regards de son mari.)

MISTRISS WILKINS, *à sa sœur.*

J'ai froid... Il me fait peur !

WILLINS.

Eh bon dieu ! quelle pâleur ! ( *ironiquement.* ) Comment, rien que le souvenir... ( *d'un air caressant à sa femme chancelante.*) Allons, tranquillise-toi, ma chère Jenny.

MISTRISS WILKINS, *au comble de la joie.*

Sa chère!

WILKINS.

Le danger est passé.

CLARISSE.

Il n'y a plus rien à craindre.

WILKINS, *ironiquement.*

Sans doute ; nous ne devons plus songer qu'au plaisir de nous trouver réunis.

MISTRISS WILKINS, *à part.*

Quel calme!

CLARISSE, *à sa sœur.*

Tu vois comme tu avais tort de t'allarmer.

WILKINS.

Ta sœur a raison. La soirée a fini plutôt et bien autrement que nous ne le pensions tous. Cela ne nous empêchera pas de passer les heures qui nous restent comme de coutume... en famille...

MISTRISS WILKINS, *à part.*

Quel ton affectueux!

WILKINS.

Tu le veux bien?

MISTRISS WILKINS, *pouvant à peine parler.*

Oui... oui... ( *à part.* ) je m'abusais donc ce matin, quand j'ai cru voir...

WILKINS.

Pour animer un peu l'entretien, nous aurons seulement une personne de plus.

MISTRISS WILKINS.

Une personne?..

WILLINS.

Elle n'est point étrangère, mais elle nous manquait.

MISTRISS WILKINS.

Laquelle?

WILKINS.

Comment, tu ne devines pas?...

MISTRISS WILKINS.

Non.

WILKINS.

Ah! c'est étonnant... tu aurais dans ta préoccupation oublié déjà le retour de Campbell?..

MISTRISS WILSKINS, *à part.*

Campbell, encore!

WILKINS.

Ne faut-il pas qu'il reprenne avec nous ses anciennes habitudes ? Il venait tous les soirs prendre le thé; je l'ai prévenu que c'était toujours de même, et je l'attends.

MISTRISS WILKINS.

Grand Dieu! que mon repentir te touche!

CLARISSE, *bas.*

Jenny!...

MISTRISS WILKINS, *bas à sa sœur.*

Lui! reparaître ici!... Par pitié pour mon époux qui lirait sur mon front sa honte et mon infamie! Sauve-moi sa présence, elle me tuerait!... J'avouerais tout, je le sens!...

CLARISSE, *bas.*

Et par quel moyen?

WILKINS, *avec douceur.*

Qu'as-tu, Jenny?... désapprouvrais-tu ce que j'ai fait?

MISTRISS WILKINS.

Non... C'est ma sœur que j'aurais voulu retenir et qui se croit obligée de nous quitter.

WILKINS.

Comment, chère Clarisse, vous nous abandonnez ainsi?

MISTRISS WILKINS, *bas à sa sœur.*

Je t'en supplie, va le trouver! mon repos, ma vie en dépendent!

CLARISSE, *bas.*

Je n'hésite point... Il m'entendra. ( *haut.* ) Pardonnez, mon ami, c'est bien à regret que je m'éloigne, mais il le faut... vraiment.

WILKINS.

Oui, je le crois, puisque vous résistez aux instances si vives que Jenny semble vous faire, je ne cherche donc plus à vous retenir, mais nous nous reverons bientôt.

MISTRISS WILKINS.

Oh! oui.

CLARISSE.

Oui. ( *bas en embrassant sa sœur.* ) Ma bonne sœur, du courage!

( Wilkins la reconduit. )

## SCENE XIII.

WILKINS, Mistriss WILKINS, MOLLY.

MOLLY, *bas à Mistriss Wilkins.*
Vous voyez comme il est bon, aimable même; allons, ma bonne maitresse, il ne sait rien.

MISTRISS WILKINS.
je commence à l'espérer.

WILKINS, *revenant.*
Molly, laisse-nous.

MOLLY.
Oui, Monsieur, et je vais préparer le thé.

WILKINS.
Non... c'est inutile... apporte tout ce qu'il faut ici, et tout en causant nous le préparerons nous-mêmes.

MOLLY.
Comme vous voudrez.

(Elle sort, et revient avec un plateau chargé de tasses.)

WILKINS.
Allez.

(Molly sort.)

## SCÈNE XIV.

Mistriss WILKINS, WILKINS.

(Dès le commencement de cette scène, tout en causant, Wilkins, prépare le thé et remplit les deux tasses qui sont sur la petite table.)

MISTRISS WILKINS, *à part.*
Me voila seule avec lui. Je sens mes forces m'abandonner.

WILKINS.
Eh bien! Jenny, tu ne t'asseois pas, en attendant Campbell?

MISTRISS WILKINS, *à part.*
Ce nom frappera-t-il donc toujours mon oreille?

WILKINS, *versant le thé.*
Ce jour qui devait être consacré à l'amour, au plaisir, a bien

peu rempli le but que nous nous étions promis; heureusement qu'il touche à sa fin.

(Il l'engage à boire par un signe, ce qu'elle fait machinalement.)

MISTRISS WILKINS, *à elle-même.*

Que n'est-elle arrivée!

WILKINS.

Il y a huit ans Jenny, à cette même heure, nous recevions les félicitations de nos parens, de nos amis... comme les instans de bonheur passent avec rapidité!

MISTRISS WILKINS.

Heureux, quand les regrets ne se mêlent point à leur souvenir!

WILKINS.

Je me vois encore, la veille de ce jour fortuné, causant à voix basse avec toi dans la salle où Molly s'occupait des préparatifs pour le lendemain. Te rappelles-tu cet entretien délicieux? Le consentement de ta famille n'avait pu me suffire, et prenant une de tes mains dans les miennes. « Jenny, te disais-je, tes parens voient avec plaisir notre alliance; ils vous accordent à ma demande; mais je ne veux rien devoir qu'à vous seule. Le titre de votre époux fait toute mon envie. Eh bien! si je ne l'obtiens que de votre obéissance, si vous hésitez un seul instant, parlez sans détour, je sacrifierais mon repos, ma vie même, plutôt que de me reprocher jamais d'avoir fait, sans le vouloir, le malheur de la vôtre. »

MISTRISS WILKINS, *faisant un effort sur elle-même.*

Vous fûtes toujours si généreux!

WILKINS.

Avec quelle grâce inexprimable tu rassuras ma tendresse inquiète, ta réponse s'est gravée dans mon cœur en traits ineffaçables. « Habituée à n'avoir jamais d'autres volontés que celles de ma famille, votre franchise me fait trouver du charme à lui obéir de nouveau; mon cœur, libre jusqu'à ce jour, vous appartient désormais tout entier, et je serais indigne de vivre, si jamais je pouvais troubler le repos de celui qui se conduit si noblement envers moi. »

MISTRISS WILKINS, *à part.*

C'est un supplice éternel!

WILKINS.

Je jurai de tout faire pour mériter un pareil prix. Tu sais, Jenny, si j'ai tenu ma promesse, si j'ai conçu jamais un désir, une pensée, qui ne se rattachât à ton bonheur; mes soins, ma tendresse n'ont jamais varié depuis le jour de notre union. Si j'ai quelquefois introduit les plaisirs du grand monde dans notre modeste réduit, c'était encore pour toi, ta présence seule me suffisait... mais je voulais offrir à ton jeune âge les distractions brillantes qu'il pouvait désirer. Sûr de ton cœur... tu n'as jamais entendu le reproche, un ordre sortir de ma bouche... Un seul mot, et j'accomplissais... je prévenais même tes moindres volontés. Ah! parle, dis moi, Jenny, depuis huit années, ai-je une seule fois oublié mes sermens?

MISTRISS WILKINS.

Vous... toi... non, non, jamais... tous les bons sentimens... toutes les qualités précieuses... toute la tendresse... je les ai trouvées dans tes paroles, dans tes actions, dans ton cœur. Tendres soins, affection sans bornes, tu m'as prodigué tout, tu m'as comblée. Oh! mon dieu! j'étais, je suis la plus heureuse des épouses!..

WILKINS.

J'aime aujourd'hui, surtout, que ta bouche me rende cette justice, j'ai besoin de sentir qu'elle m'est due.

MISTRISS WILKINS.

Oh! je serais la créature la plus ingrate, si je ne bénissais à chaque instant du jour, le meilleur des hommes, et le plus vénéré des époux.

WILKINS.

Jenny, ce retour en arrière sur nous-mêmes, sans temoin, que le ciel qui nous entend, ne laisse-t-il pas dans ton âme quelque chose de touchant et de solennel?

MISTRISS WILKINS.

Oui. ( *à part.* ) Pourrai-je lui dérober mon trouble. ( *haut.* ) Oui...

WILKINS.

Répète encore, que tu as été avec moi toujours la plus heureuse des femmes.

MISTRISS WILKINS.

Oh! tu ne peux comprendre tout ce que j'éprouve en le répétant... cette douceur... ces prières... moi, qui tantôt redoutais, je ne sais pourquoi, ta sévérité apparente. Ah! depuis bien long-temps... pour la première fois... je retrouve du calme... Wilkins... écoute... une grâce... désormais, vivons pour nous. Plus d'étrangers, plus de monde... la solitude et vous... toujours vous... dans ce projet de mon cœur... je trouve des délices... oui... je suis heureuse... et, pourtant... une agitation croissante... les émotions de la journée... sans doute... ma bouche sèche et brûlante... ( *elle boit.* ) Il me semble que je souffre... oui... c'est de la douleur. ( *elle lui prend la main, et pousse un léger cri.* ) Mon ami!.... ( *il fait un mouvement.* ) Oh! ce n'est... ce ne doit être rien... laissez votre main dans la mienne... Si tant d'émotions... de secousses subites... avaient usé mon existence... si cette soirée devait être mon dernier bonheur... Oh! que je souffre!... je respire à peine... c'est du feu!... il me semble que la vie se détache de moi... Wilkins!.. (*à elle-même.*) Si je succombe, et que le hasard lui fasse apprendre, par un autre... Tu me maudirais... non, je ne veux pas emporter avec moi cette idée affreuse... tu vas tout savoir. Laisse-moi, laisse-moi, c'est à tes genoux que je dois être... que je dois t'avouer ce qui me tue! Mes remords... ma honte... oui... ma honte. Grâce... grâce... je ne suis plus digne de ce que tu as fait pour moi... j'ai trahi mes sermens... j'ai trompé mon époux!

WILKINS.

Je le savais.

MISTRISS WILKINS.

Ah!

WILKINS.

Et je me suis vengé.

MISTRISS WILKINS.

Comment...

WILKINS.

Le poison!

MISTRISS WILKINS, *poussant un cri.*

Ah!

WILKINS.

Je savais tout, et pourtant, je tremblais déjà que tu ne le fisses pas, cet horrible aveu. Ce matin, je soupçonnais ton crime et ton indigne complice; j'ai lu dans ton trouble, dans vos regards, dans vos cœurs, et cependant je ne voulais pas te condamner sans preuves... Cet incendie dont je sais l'auteur, ta disparition étrange, en étaient de bien suffisantes, mais la plus épouvantable m'était réservée!... Lorsque j'allai chez ta sœur, où tu n'as pas parue, je l'ai vu, ton amant, je l'ai vu passer dans un équipage somptueux... couvert d'or et de cordons... L'infâme qui s'était présenté chez moi, sous un nom supposé... la multitude, que révolte son faste et ses désordres honteux, m'a révélé son nom... Je pouvais le suivre, le poignarder au milieu de ses dignes compagnons... ce n'était pas assez pour ma vengeance... j'ai su me contenir. Il va venir, je l'attends; tu le sais... c'est devant toi qu'il doit périr!

MISTRISS WILKINS.

Grand dieu!

WILKINS.

Tu le plains!

MISTRISS WILKINS.

Non... pardonne-moi, Wilkins!... Je ne te quitte pas... si tu savais se que je souffre !... tout mon corps se déchire !... Dieu ! le supplice des enfers n'est pas plus horrible... Tue-moi, par pitié !...

WILKINS.

Ah! je me croyais plus de force! (*il cherche à la relever.*) Je ne puis la voir souffrir plus long-temps!

MOLLY, *en dehors.*

Je vous dis, Monsieur, qu'on n'entre pas.

ROCHESTER.

Comment, moi, Campbell?

WILKINS.

Campbell!.. Ah! le voilà... mon courage renaît.

(Il court ouvrir la porte et la referme ensuite.)

## SCÈNE XV.

LES MÊMES, ROCHESTER.

WILKINS.

Te voilà, Rochester... viens-tu rire, avec ta complice, de ma crédulité, ou plutôt consoler ses derniers momens; tu n'as pas de temps à perdre... regarde... la voilà!..

ROCHESTER.

Quelle horreur!

WILKINS.

Prie pour elle et pour toi, car tu vas la rejoindre.

(Il ouvre un secrétaire et saisit deux pistolets.)

ROCHESTER.

Misérable assassin!..

(Il tire son épée.)

WILKINS.

Ce n'est pas toi qui la vengeras...

(Il fait feu pendant que la toi

FIN DU TROISIÈME ET DERNIER ACTE.

# THÉÂTRE

# D'EUGÈNE SCRIBE,

HUIT VOLUMES IN-8°.

---

Le succès soutenu de cette belle édition, prouve chaque jour aux éditeurs qu'ils ont eu une heureuse idée, en réunissant en corps d'ouvrage une série de petits chefs-d'œuvre qui, tous, ont obtenu sur nos différens théâtres le plus brillant succès.

Six volumes sont en vente, et contiennent *cinquante et une pièces*, parmi lesquelles se trouvent : *Michel et Christine*, *la Somnambule*, *la Mansarde des Artistes*, *une Visite à Bedlam*, *l'Héritière*, *la Demoiselle à marier*, *Simple Histoire*, *le Mariage de Raison*, *la Dame Blanche*, *Léocadie*, *la Vieille*, etc., etc., etc.

Les autres volumes qui restent à paraître, contiendront : *le Diplomate*, *Valérie*, *la Marraine*, *le Mariage d'Argent*, *la Manie des Places*, *les Moralistes*, *Avant*, *Pendant et Après*, *Malvina, ou un Mariage d'inclination*, etc., etc., etc.

Le prix de chaque volume, imprimé sur papier fin satiné, est de 7 fr.

www.ingramcontent.com/pod-product-compliance
Ingram Content Group UK Ltd.
Pitfield, Milton Keynes, MK11 3LW, UK
UKHW022117260726
13993UKWH00003B/1077